Das Tropaion von Adamklissi

und

provinzialrömische Kunst.

Von

Adolf Furtwängler.

(Mit 12 Tafeln und mehreren Textbildern.)

Aus den Abhandlungen der k. bayer. Akademie der Wiss. I. Cl. XXII. Bd. III. Abth.

München 1903.

Verlag der k. Akademie

in Commission des G. Franz'schen Verlags (J. Roth).

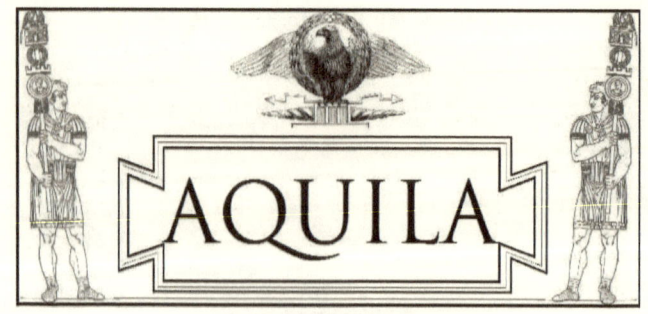

Widener, Arkansas

2011

Mein langgehegter Wunsch, die Ruine des Tropaions von Adamklissi in der Dobrudscha und alle erhaltenen Reste desselben im Originale studieren zu können, ist kürzlich in Erfüllung gegangen. Ich bin dem Senator Herrn Gr. G. Tocilesco, dem bekannten hochverdienten Leiter der Museen und Ausgrabungen Rumäniens zu herzlichem Danke verpflichtet, indem er durch das liebenswürdigste Entgegenkommen meine Studien erleichterte und die Freundlichkeit hatte, mich selbst an die Ruinenstätte zu geleiten und mich in die von ihm daselbst unternommenen Ausgrabungen einzuführen.

Es sind sechs Jahre verflossen, seit ich mich zum letzten Male mit dem Denkmale von Adamklissi in den Sitzungsberichten dieser unserer Akademie von 1897 (Band I, S. 247—288 „Adamklissi") beschäftigt habe, nachdem ich vorher in der Schrift „Intermezzi" (Leipzig, Giesecke und Devrient 1896, S. 51—77) meine Deutung und Zeitbestimmung des Denkmales dargelegt hatte. Auf jene Abhandlung in den Sitzungsberichten folgte eine Entgegnung von Otto Benndorf in den Jahresheften des österreichischen archäologischen Institutes in Wien, Band I, 1898, S. 122—137, mit einem Zusatze von George Niemann, S. 138—142. Ich habe auf die Entgegnung Benndorfs nicht geantwortet und werde dies auch hier nur in Bezug auf die wenigen Punkte thun, bei welchen es sich um sachliche Argumentationen handelt. Benndorf bemerkt indess S. 137 jenes Aufsatzes, es werde derselbe seinerseits seine „letzte Aeusserung" zu der Adamklissi-Frage sein; er erklärt somit ausscheiden zu wollen aus der Reihe derjenigen, welche die Wahrheit zu suchen sich durch Weiterstreben bemühen. Wir wollen den Frieden seines Glaubens nicht stören und lassen ihn mit diesem ruhig beiseite stehen; am wenigsten aber liegt mir im Sinne, hinabzusteigen auf die Stufe der Polemik, auf welcher sich jene seine „letzte Aeusserung" bewegt; es richtet sich diese, meine ich, selbst genug.

Meine Studien an Ort und Stelle hatten Resultate, die meine kühnsten Hoffnungen übertrafen. Nicht nur gelang es mir das Rätsel des Oberbaues des Denkmales mit der Inschrift endgiltig zu lösen, ich fand auch meine Zeitbestimmung des Werkes als vortraianisch bis zur handgreiflichen Evidenz bestätigt.

Zwei Punkte sind jetzt vollkommen gesichert: erstens, das Denkmal ist vortraianisch; zweitens, die fragmentierte grosse Inschrift steht auf einem zum ursprünglichen Baue gehörigen Block, indem der Bau höher und anders gestaltet war als früher angenommen ward. Durch Vermutung zu ergänzen bleibt jetzt nur ein dritter Punkt, die Frage, wie die spätere Inschrift zu dem älteren Denkmale, auf dem sie angebracht war, sich verhielt. Darüber gab ohne Zweifel einst die Inschrift selbst Aufschluss; doch uns fehlt leider gerade dieser entscheidende Teil der Platte. Die Lücke der Inschrift ist zugleich die einzige noch bestehende wesentliche Lücke unseres Wissens vom Tropaion von Adamklissi, die nur durch Konjektur geschlossen werden kann. Alles übrige, auf das es uns ankommt, darf jetzt endlich als gesichert angesehen werden.

Ich beginne mit dem zweiten der oben erwähnten Punkte, meiner neuen Rekonstruktion des Denkmals, und verweise dazu auf unsere Tafeln I und II (letztere gezeichnet von Professor Bühlmann, erstere von Professor Reichhold).

Die Wiederherstellung des Baues durch George Niemann in dem Werke „Das Monument von Adamklissi" (Wien 1895; nach dem schönen Stiche in diesem Werke hier beistehend wiedergegeben) hatte einen schwachen Punkt, der sehr leicht zu erkennen war und den ich in der Schrift „Intermezzi" S. 52 f. hervorhob: die Inschrift war in einer ganz widersinnigen Weise an dem Baue so angebracht, dass sie in der Mitte durchschnitten war; die eine Hälfte war an die Nord-, die andere an die Südseite des Baues gesetzt. Es war klar, dass dies gänzlich unmöglich war und dass die erhaltenen Teile der Inschrift nur zu einer einzigen ungeteilten Platte gehören konnten. Der Architekt behauptete jedoch, dass er eine Platte von dieser Grösse an keiner Stelle des Baues anbringen könne. Auch einige andere vorhandene Blöcke glaubte er nicht an dem Baue verwenden zu können. Es war auf Grund dieser Angaben vollkommen berechtigt, wenn ich anfangs (Intermezzi S. 53) annahm, dass die Inschrift eben gar nicht zu dem ursprünglichen Baue gehört habe; eine Vermutung darüber zu äussern, wie sie auf dem Dache des ihr fremden Baues, auf dem die beiden grössten Blöcke der Inschrift gefunden worden waren, angebracht gewesen sein konnte, enthielt ich mich damals. Später aber glaubte ich hierüber eine Vermutung vorbringen zu können. Ich wies (Sitzungsber. 1897, I, S. 255) auf einen zwar von Niemann nicht gezeichneten und nicht gesehenen, aber beschriebenen Stein, einen Eckpfeiler von einem sechseckigen Aufbau hin, den Niemann nicht unterbringen konnte. Ich vermutete in ihm einen Aufsatz auf den von Niemann konstatierten niederen sechseckigen Aufbau; der Aufsatz habe zur Umrahmung der Inschrift gedient und sei mit dieser eine spätere Zuthat zu dem Baue gewesen; Professor Bühlmann hatte die Güte, diese Idee in Zeichnung zu verdeutlichen (Sitzungsber. 1897, I, S. 250; danach wiederholt in Jahresh. d. österr. Instit. I, S. 139, Fig. 42). Die Vermutung war ohne Kenntnis der Ruine nur auf Grund der Mitteilungen

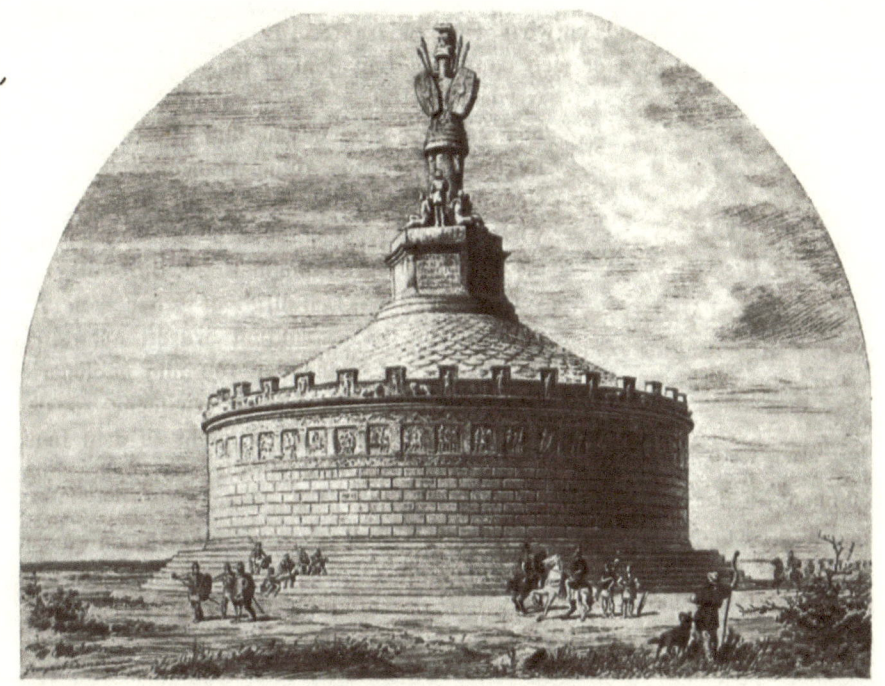

Rekonstruktion von G. Niemann.

von Niemann gewagt worden. Vorsichtiger und richtiger war mein erstes Vorgehen gewesen, das sich jeder Vermutung über den Platz der in dem Baue, wie Niemann ihn rekonstruierte, nicht unterzubringenden Inschrift enthielt. Ich kann jene Vermutung jetzt als falsch erweisen. Und doch enthielt sie einen Kern des Richtigen. Denn jener Eckpfeiler gehörte, wie ich jetzt nachweisen kann, wirklich zu dem Baue und bildete auch. wirklich den Rahmen der Inschrift; und auch jene von Niemann ausgeschlossenen Blöcke mit den Bögen gehörten wirklich zu dem Baue; sie waren von Prof. Bühlmann und mir, wie ich sogleich zeigen werde, nur an unrichtiger Stelle eingeordnet.

Veranlasst durch jene meine Vermutung über den Eckpfeiler, den Niemann nicht selbst gesehen hatte und der nicht in Zeichnung vorlag, beauftragte Niemann den Architekten Otto Richter mit einer Aufnahme dieses Steines. In den Jahresheften d. österr. Inst. I, 1898, S. 139 berichtet Niemann, dass er nun in der Lage sei, „eine genaue Aufnahme des Pfeilers" mitzuteilen. Er gab diese auf S. 140 ebenda und eine Beschreibung dazu. In der folgenden Erörterung erwägt er nun zwar die Möglichkeit, dass der Eckpfeiler zugehöre und entwirft eine Skizze (S. 142 Fig. 44; danach beistehend wiederholt), wie er sich dann den Bau denken müsse; wie wir sehen

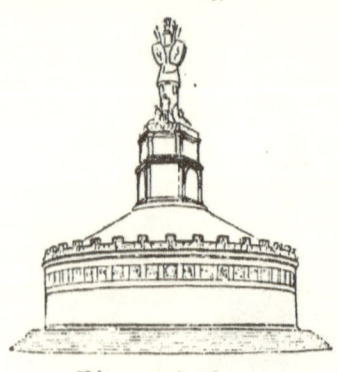

Skizze von G. Niemann.

werden, streifte er damit nahe an das Richtige und gab nur eine falsche und künstlerisch sehr ungünstig wirkende Aufeinanderfolge der beiden Geschosse des Aufbaues. Allein Niemann verwirft im Folgenden sogleich selbst jene Idee als eine „gewagte Combination", durch die man vergeblich die „Endgiltigkeit" der von ihm publizierten Rekonstruktion würde anzweifeln. Er kommt auf Grund der von ihm publizierten Aufnahme jenes Eckpfeilers vielmehr zu dem Schlusse, dass derselbe gar nicht zu dem Denkmale gehört und eben ein zweites sechsseitiges Monument in der Nähe des Tropaions existiert haben werde.

Hätte Niemann indess den Eckpfeiler selbst sehen und aufnehmen können, so würde er zweifellos das Richtige erkannt haben und er würde zu demselben Resultate gelangt sein, das mir das Studium des Originales gab und das ich im Folgenden darlegen will.

Jene von dem Architekten Otto Richter gefertigte Aufnahme des Eckblockes, die Niemann als eine „genaue" publizierte, ist vielmehr eine ganz ungenaue und in einem wesentlichen Punkte direkt falsche. Niemann ist durch diese unrichtige, nicht von ihm herrührende Aufnahme getäuscht und irre geleitet worden.

Es war mir eine grosse Freude, als ich im Hofe des Museums von Bukarest diese Beobachtung machte; denn mit einem Schlage wurde nun das ganze dunkle, mich quälende Problem der Anbringung der Inschriftplatte an dem Baue erhellt und die Lösung der Frage des oberen Aufbaues des Denkmales ergab sich nun rasch von selbst.

Die Sache verhält sich so. Der Architekt O. Richter hat den Eckblock nur oberflächlich angesehen und in seine flüchtige Aufnahme der Oberseite des Blockes nur die nach rechts gehende breite Klammerspur, deren Maass er angiebt, eingetragen. Offenbar zu Hause erst fügte er dann, der schönen Symmetrie zu Liebe, an der entsprechenden Stelle nach links eine gleiche breite Klammerspur hinzu, die er in gleicher Grösse wie jene zeichnete, ohne doch zu wagen, das Maass beizuschreiben. Hierauf fussend musste Niemann sagen, es sei unmöglich, den Eckpfeiler mit der Inschrifttafel zusammenzubringen, weil jener breite, diese schmale Klammerlöcher aufweise.

In Wirklichkeit aber zeigt der Block nach links eine von der rechten verschiedene, schmale Klammerspur, die übereinstimmt mit denen auf den oberen Ecken der Inschriftplatte. (Vgl. meine Aufnahme des Blockes auf Taf. II.)

An dem ganzen Baue finden wir den Wechsel von breiten, schwalbenschwanzförmigen Klammerspuren, die ohne Zweifel von Holzklammern herrühren, und von schmalen Spuren, die von hakenförmigen Metallklammern stammen; wie ich an erhaltenen Resten des Metalles an verschiedenen Platten konstatieren konnte, waren es Eisenklammern. Diese beiden an dem Baue zur Verwendung gekommenen Klammerarten haben jeweils dasselbe Durchschnittsmaass. Die Holzklammern waren 32—36 cm lang, 10—12 cm breit, 7 cm dick. Die Eisenklammern waren ca. 32 cm lang; die Klammerspur ist einschliesslich des Loches für die hakenförmige Umbiegung am Ende an jedem Blocke 16—17 cm lang; die Klammern waren ca. 3 cm breit; das Loch des etwas breiteren hakenförmigen Endes ist 5 cm breit; die Dicke der Klammern betrug ca. $1^1/_2$ cm. Diese beiden Klammerarten wechselten indess nicht willkürlich an dem Baue; sondern bestimmte Bauteile wurden mit der einen, andere mit der anderen Art verklammert. Die breiten Holzklammern wurden verwendet für die ganzen Quadern der Wandbekleidung (Niemann, Adamklissi S. 17), für den Fries darüber (ebenda S. 18), für den Architrav (S. 19), für die Dachschuppen (S. 26) und für das niedere Geschoss des sechseckigen Aufbaues (S. 28). Die Eisenklammern fanden Anwendung beim Sockel des ganzen Baues (S. 17), ferner bei sämtlichen Metopen und den anstossenden Pfeilern (S. 19) sowie beim Gesimse (S. 21).

Der Umstand, dass auf der Oberfläche unseres Eckpfeilers die Spuren der beiden Klammerarten vorkommen, beweist, dass nach rechts und links Blöcke verschiedener Art anstiessen.

Der Inschriftblock hat oben rechts die Spur einer gleichen Eisenklammer wie der Sechseckblock oben links. Ich vermutete sogleich, dass beide zusammengehörten, da auch die Distanz, in welcher die Klammerspur an beiden

Blöcken von der Vorderwand sich befindet, nach meiner Aufnahme genau übereinstimmte (15 cm); allein ich musste doch die Möglichkeit offen lassen, dass ein anderer, dem mit der Inschrift gleichartiger Block hier anstiess; der praktische Versuch, das Aneinanderfügen der beiden schweren Blöcke, konnte erst nach meiner Abreise von Bukarest gemacht werden; er wurde auf meine Bitte unter Leitung von Herrn Tocilesco, dem ich auch hierfür zu wärmstem Danke verpflichtet bin, vorgenommen und ergab das Resultat, dass wirklich der Inschriftblock links an den Sechseckpfeiler anschloss und dass wirklich, wie ich gehofft hatte, von dem grossen die erste Zeile der Inschrift schliessenden I, das in die Fuge fiel, ein Rest noch an dem Eckpfeiler zu erkennen ist. Herr Tocilesco hatte die Güte mir hierüber zu schreiben: „es wurde mir die Freude, an dem Eckpfeiler selbst noch unläugbare Spuren des unteren Striches des Buchstabens I aus dem Worte *ultori* zu entdecken."

Ferner gelang mir noch eine Vervollständigung des Sechseckpfeilers nach unten. Zu dem von Niemann nach Richter publizierten Teile fand ich im Garten des Museums von Bukarest noch zwei nach unten anpassende Stücke, ein grosses und ein kleines rechts unten; sie sind stark abgerieben; sie sind mit den anderen von Richter aufgenommenen gleichzeitig nach Bukarest transportiert worden, doch hatte man die Zusammengehörigkeit nicht erkannt. Vgl. meine Aufnahme auf Taf. II.[1]) Auch jetzt noch ist der Pfeiler nach unten nicht vollständig, indem unten Bruchfläche ist; doch kann den Proportionen nach nicht viel fehlen; die jetzige ganze Länge beträgt 3,95.

Schon oben ward bemerkt, dass die Verschiedenheit der Klammertypen auf der Oberseite des Eckblockes auf verschiedene Gestaltung des beiderseitigen Anschlusses deute. Als links anschliessend haben wir nun die hohe und dünne Inschriftplatte konstatiert. Ihr entspricht die Gestaltung der linken Hälfte des Pfeilers, auf welcher nur ein Pilaster mit von oben bis unten durchlaufenden Cannelüren angeordnet ist, welcher den Rahmen für die grosse Inschriftplatte bildet. Auf der rechten Hälfte zeigt der Pfeiler zwei Geschosse von Pilastern übereinander. Der obere Pilaster ist etwas schmäler als der untere. Auf dem Stück rechts neben dem oberen Pilaster steigt von unten, aufsitzend auf dem unteren Pilasterkapitell, das Stück eines in Relief gearbeiteten Bogens empor. Darüber erheben sich zwei gebogene Streifen in Relief, die ein anderes Profil haben als jenes Bogenstück; es sind zweifellos rankenförmige Zwickelornamente für den Bogen. Mit dem Profile des Bogen-

---

[1]) In den beigeschriebenen Maassen auf Taf. II ist ein Schreibfehler unterlaufen; auf der rechten Zeichnung soll das Maass links längs dem Oberteil des Pfeilers natürlich nicht 0,81 sondern 1,81 heissen.

stückes aber stimmen nun genau überein die Profile der Bogenstücke auf den Blöcken mit den Bögen bei Niemann, Adamklissi, S. 39, die Niemann am Baue nicht unterbringen konnte, deren Zugehörigkeit ich aber schon früher vermutet hatte. Ihre Zugehörigkeit ist, wie ich seitdem an den örtlichen Verhältnissen erkannt habe, schon deshalb notwendig, weil sie unter den Trümmern des Baues gefunden sind, unter denen sich kein einziger fremder Stein befindet. Auch diese Blöcke sind indess jetzt im Museum in Bukarest, wo ich sie neu aufgenommen habe. Wie bemerkt, stimmt das Profil der Bogenstücke genau mit dem an dem Eckblocke befindlichen Bogenansatze. Ferner sind an zweien der Bogenblöcke noch die Löcher der breiten Holzklammern erhalten, die mit dem Klammerloche auf dem Eckblocke rechts übereinstimmen, und die Entfernung des Klammerloches vom vorderen Rande des Blockes beträgt an den Bogenblöcken genau so viel wie an dem rechten Ende des Eckpfeilerblockes (25 cm). Es stimmt ferner die Breite des oberen Randstreifs an den Bogenblöcken mit dem oberen Rande über dem Akanthos des Pilasterkapitells des Eckblockes genau überein (8 cm). Ich schloss daraus schon in Bukarest, dass die Bogenblöcke zu dem rechts an den Eckblock anschliessenden Wandteil gehörten. Dies bestätigte mir in München Professor Bühlmann, indem er nach meiner Detailaufnahme des besterhaltenen Bogensegmentes die Grösse des Bogenhalbmessers bestimmte, die sich als zu meiner Annahme vorzüglich passend erwies (vgl. unten S. 464).

Der rechts an den Eckpfeiler anschliessende Wandteil bestand also aus einzelnen Quadern. Er war mit Bogen, die auf den unteren Pilastern aufruhten und einfachem rankenartigen Ornament in den Zwickeln geschmückt. Die Quadern hatten ganz ähnliche Maasse, wie die Quadern, welche den runden Unterbau verkleiden; nur griffen sie nach hinten zum Teil noch tiefer ein; die Tiefe eines der Blöcke mit Bogensegment beträgt 1,15 (nach Niemanns Messung sogar 1,20). Die zwei auf unserer Tafel II eingezeichneten Bogenblöcke (A und C bei Niemann) haben die gleiche Höhe (55 cm, bei Block C ist das Maass von Niemann nicht angegeben, von mir aber konstatiert); der dritte Block (B bei Niemann) hat 59 cm Höhe (wie die meisten der Wandquadern des Unterbaues); er gehörte zu einem anderen der einst vorhandenen Bögen.

An die Rückseite der dünnen Inschriftplatte schloss ohne Zweifel ein nicht sichtbarer Quaderaufbau an, so dass diese Seite dieselbe Festigkeit hatte wie die anderen. Von der Verbindung mit einer rückwärtigen Quader rührt das breite nach hinten gehende Holzklammerloch auf der Oberseite der Inschriftplatte her. Inschriftplatte und Eckpfeiler sind die einzigen

Stücke des Baues, welche die beiden Klammerarten vereinigen, weil an sie allein nach den verschiedenen Seiten verschiedenartige Bauteile anschlossen.

Dass die Inschriftplatte ein ungeteiltes Ganzes war, wie ich von Anfang angenommen hatte, ist nunmehr eine feststehende Thatsache. Ich will nur hinzufügen, dass auch die in Sitzungsberichte 1897, I, S. 253 mitgeteilte Beobachtung L. Traubes sich mir am Originale bestätigt hat; es ist ganz deutlich, dass ein grosser schräger Bruch einst in diagonaler Richtung die Platte gespalten hat.

Zu dem neuen Eckpfeiler ist noch zu bemerken, dass er in der ganzen Behandlung mit den niederen Eckpfeilern bei Niemann, Adamklissi S. 28, vollkommen übereinstimmt. Der Pilaster springt hier wie dort nur 5—6 cm vor und das Kapitell mit dem Akanthos ist hier wie dort ganz flach. Das Blatt am rechten oberen Ende war indess doch stark unterarbeitet und ist zum Teil abgebrochen. Die Stege zwischen den Canneluren sind ca. 2 cm breit.

Ohne Zweifel ist links von der Inschriftplatte eine gleiche Quaderwand mit Rundbogen zu ergänzen wie rechts. Ob aber dann jederseits wieder eine glatte Platte folgte, also drei glatte Seiten und drei Quaderseiten mit Bogen vorhanden waren? oder ob der Inschriftplatte eine gleichartige gegenüber entsprach und die anderen vier Seiten die Bogen trugen? — Die Eigenart der Inschriftplatte und ihre Verschiedenheit von den anstossenden Seiten ist zweifellos dadurch bedingt, dass sie eben für eine Inschrift bestimmt war. Da nun alle erhaltenen Inschriftstücke von einer und derselben Platte stammen, so wird auch nur eine Seite des Sechsecks die Verkleidung mit einer grossen Platte gezeigt haben, und die anderen fünf Seiten werden in Quadern aufgebaut und mit Rundbögen geziert gewesen sein. Wie ich in Sitzungsberichte 1897, I, S. 256 hervorgehoben habe, ist auch nur eine Figurengruppe oben am Fusse des Tropaions durch die Funde bezeugt; die symmetrische Verdoppelung der Gruppe in Niemanns Rekonstruktion war willkürlich. Der einen Figurengruppe entspricht die eine zur Inschrift bestimmte Platte.

Die Platte also, welche die Inschrift trägt und für eine Inschrift auch ursprünglich offenbar bestimmt war, gehörte dem Tropaionbaue, wie nunmehr erwiesen ist, als organischer Teil an. Meine frühere ohne Kenntnis der Ruine aufgestellte Vermutung, dass die Platte eine spätere Zuthat sei, war zwar methodisch berechtigt, weil der Architekt erklärte, sie nicht oder nur in widersinniger Weise an dem Baue unterbringen zu können; allein sie war falsch. Benndorf hat in diesem Punkte Recht behalten.

Wir fragen nun weiter: welche Stelle an dem Baue nahm das von uns rekonstruierte Sechseck ein, das aus der Inschriftplatte und den mit Bogen verzierten Seiten bestand?

Niemann hat in der Skizze, in welcher er zeigen wollte, welche Folgen die — von ihm nicht gebilligte — Verwendung des neuen Eckpfeilers für die Rekonstruktion des Baues haben würde (Jahreshefte d. öst. Inst. I, S. 142, oben S. 458), das höhere Geschoss u n t e r das bereits bekannte niedere Sechseckgeschoss angeordnet. Dies macht allerdings künstlerisch eine recht schlechte Wirkung. Indem das niedere Geschoss das obere ist, wirkt das Ganze plump und schwer. Ich hatte von vornherein die Ueberzeugung, dass, wenn das hohe Geschoss zugehörte — wie ich es nun habe erweisen können — es nur die obere, nicht die untere Stelle eingenommen haben konnte. Denn dann musste es die Wirkung des emporragenden Tropaions gewaltig verstärken. Von seiner Versuchsskizze bemerkte Niemann mit Recht: „augenfällig ist die verminderte Wirkung des Tropaeums gegenüber dem thurmartigen Unterbau". Allein das Umgekehrte tritt ein, wenn das hohe Geschoss das obere ist: dann reckt sich der Unterbau mächtig empor, um das Tropaion weit hinaus in die Lande die Gewalt der Römer verkünden zu lassen.

Dass diese Anordnung nun auch thatsächlich die richtige ist, zeigt Professor Bühlmann durch die auf Grund der gegebenen Maasse gezeichnete Rekonstruktion auf Tafel II. Hiebei ist natürlich angenommen, dass der Durchmesser der Basis des sechseckigen Aufbaues gleich demjenigen des Quaderunterbaues (9,1 m) war; Niemann (Adamklissi S. 32 f.) hat diese Annahme als möglich bezeichnet. Bühlmann bemerkt gewiss mit Recht: „man darf mit Bestimmtheit annehmen, dass der Durchmesser des Unterbaues (9,1 m) der Breite des unteren Teiles des sechseckigen Aufbaues entsprochen hat."

Das niedere Geschoss hat weder Architrav noch Fries; das Gesims sitzt unmittelbar auf den Pilastern auf. Es ist nicht wahrscheinlich, dass dasselbe bei dem schlank emporstrebenden hohen Geschosse der Fall war.

Dass die Quadern mit den Bogensegmenten in einer gewissen näheren Beziehung zu den Quadern des Waffenfrieses (Niemann, Adamklissi, S. 30) gestanden haben müssen, war mir schon vor den Originalen klar geworden; sie allein greifen so tief in den Bau ein wie jene (vgl. Niemann, Adamklissi, S. 40); die Waffenfriesblöcke haben 1 bis 1,1 m Tiefe. Niemanns Verwendung des Waffenfrieses als Plinthe für die Barbarenstatuen und das Tropaion war sehr bedenklich. Denn die Oberfläche der Friesblöcke passt durchaus nicht als Unterlage für die Figuren; auch ist es nicht wahrscheinlich, dass ein mit Relief bedeckter Fries, ohne unten und oben eine Profilierung zu haben, als Plinthe gedient hätte; und endlich würde ein Teil des Reliefs durch das auf alle Fälle als Abschluss des Aufbaues anzunehmende Gesims für die Ansicht von unten verdeckt worden sein. Der Architekt E. Fiechter, mit dem ich den Fall zuerst besprach, vermutete sogleich, dass der Waffenfries über die Pilaster des hohen Geschosses gehöre und nach oben durch ein Gesims abgeschlossen war. Dass dies die offenbar richtige Lösung ist, ergiebt Professor Bühlmanns Zeichnung auf Tafel II mit der ihr zu Grunde liegenden Berechnung. Professor Bühlmann bemerkt: „Die Breite der Inschrifttafel, wie sie sich aus den in der obersten Zeile enthaltenen Buchstaben bestimmen lässt (2,85 m), zusammen mit den beiden Pilasterbreiten (zweimal 0,345 + 2,85 = 3,54 m) ergiebt eine auffallende Uebereinstimmung mit der Breite des Waffenfrieses, die, nach dessen vorhandener Mitte zu schliessen, 3,54 m betrug." Ferner: „An einer der Quadern mit Bogensegment lässt sich die Grösse des Bogenhalbmessers mit einiger Genauigkeit bestimmen. Dieselbe beträgt von der Innenkante des Bogens an 1,26 m. Die Pfeilerbreite (0,51), zusammen mit diesem Bogenhalbmesser, ergiebt aber wiederum 1,77 m, das ist die Hälfte der Breite des Waffenfrieses."

So passt der Waffenfries also genau über die Pilaster des oberen hohen Geschosses. Er hat hier wahrscheinlich unmittelbar aufgelegen. „Verzierte Architrave sind in der antiken Baukunst nicht selten, namentlich wurden an diesem Bauteil in spätgriechischer und römischer Zeit gern Schilde angebracht" (Bühlmann).

Ergänzt muss nun werden — und ist in der Zeichnung Bühlmanns auf Tafel II ergänzt — die Stufe nebst Wellenleiste zwischen dem unteren und dem oberen Stockwerk und das obere bekrönende Gesims nebst der Stufe unter den Figuren. Da von dem ganzen sechseckigen Aufbau und dem Dache überhaupt nur sehr wenige Stücke erhalten sind, hat es nicht das geringste Bedenken den Verlust jener Bauteile anzunehmen, die alle aus leicht verwendbaren Blöcken bestanden.

Auf der Höhe ist nur eine Gruppe von drei kolossalen Barbarenfiguren angenommen, entsprechend den Funden. (Vgl. Sitzungsberichte 1897, I, S. 256 und oben S. 462.)

Am Schlusse, als Professor Bühlmann den Aufriss des Ganzen in der neuen Rekonstruktion aufzeichnete, ergab sich ungesucht noch eine interessante Thatsache, die eine Bestätigung der Richtigkeit der neuen Wiederherstellung zu bieten scheint: Die Basisbreite des Gebäudes ist nämlich nun gleich der Höhe desselben (beide betragen 38,80 m). Dies Maassverhältnis war aber in der römischen Baukunst ein beliebtes.

Blicken wir nun noch einmal auf das Ganze, wobei wir uns der restaurierten Gesamtansicht bedienen, welche Professor Reichhold zu skizzieren die Gefälligkeit hatte (Taf. I). Es ist klar, wie ausserordentlich der ästhetische Eindruck gewonnen hat gegenüber der früheren Rekonstruktion, welcher das Obergeschoss des sechsseitigen Aufbaues fehlte. Das Monument hat alles Schwere, Plumpe, Gedrückte, das ihm vorher anhaftete, verloren. Der massige Rundbau erscheint jetzt nur als der proportionierte, solide, die Stabilität des Ganzen sichernde, nach allen Seiten im Kreise ausgreifende Untersatz des Monumentes. Jetzt wird auch erst die technische Anlage des Baues recht verständlich: es ward ein massiger Thurm erbaut aus Quadern von unten auf; um seinen unteren Teil wurde ein kreisförmiger Mantel von Betonmasse gelegt, der ein abgeschrägtes Dach erhielt und mit Quadern umkleidet wurde. Der Thurm aber, der Kern und Hauptteil des Ganzen, wurde über den Beton-mantel emporgeführt und nahm hier sechsseitige Gestalt an; in zwei Geschossen wurde er emporstrebend angelegt, um auf seiner Spitze das eigentliche Denk-mal, welchem der ganze Bau zum Postamente dient, das Tropaion, zu tragen. Das Tropaion hatte dieselbe Höhe wie der Teil des Thurmes, der über das Dach des kreisförmigen Untersatzes emporragte.

Ich komme zu dem zweiten Teile meines Berichtes über die Resultate, welche meine Untersuchung der Reste des Denkmales mir ergab.

Es ward oben schon angedeutet, dass ich den vortraianischen Ursprung des Monumentes, den ich früher aus den figürlichen Darstellungen erschlossen hatte, in entscheidender Weise bestätigt fand.

Man wird fragen: wie, nachdem durch die voranstehende Untersuchung erwiesen worden ist, dass die Platte, welche die Inschrift trägt und offenbar von Anfang an für eine Inschrift bestimmt war, dem ursprünglichen Baue angehört, und da diese Inschrift von Traian gesetzt ist, so ist die Frage der Zeit des Denkmals doch entschieden?

Man dürfte wohl so urteilen, wenn keinerlei Gründe gegen traianischen Ursprung vorlägen. Aber auch dann müsste man sich gewärtig halten, dass wir ja gar nicht wissen, was von Traian in der Inschrift eigentlich ausgesagt war, da ja gerade der entscheidende Teil derselben, welcher das Verbum enthielt, verloren gegangen ist!

Ob dieses Verbum aber angab, dass Traian das Denkmal erbaut hat, oder ob es, nach Analogie so zahlreicher Inschriften von Bauten aller Art, nur von der Restitution des Baues sprach, wird man in jedem Falle offen lassen müssen. Und wenn man bedenkt, dass am Ende der achten Zeile der Inschrift gerade die Buchstaben **ITV** erhalten sind, die sich nach Maassgabe anderer Bauinschriften doch am natürlichsten zu dem in dieser Inschriftklasse so überaus gewöhnlichen Worte *rest* ITV | *it* ergänzen lassen, so wird bei jedem Vorsichtigen vollends alle Sicherheit schwinden.

Die im Baue, wie wir sahen, für eine Inschrift vorgesehene Platte kann, wie als Möglichkeit von vornherein zugegeben werden muss, ja aus irgend einem hindernd dazwischen getretenen Grunde unbenutzt geblieben sein. [1])

Jedoch, wird man vielleicht sogleich einwenden, Traian, der stolze Bauherr, der selbst so grossartige Bauten hat aufführen lassen, würde doch nicht an einem fremden Baue eine zur Inschrift geeignete Stelle benutzt haben, um sich selbst zu verewigen? Man hat ja gegen meine frühere — falsche — Annahme, wonach die Inschrifttafel eine spätere Zutat gewesen wäre, sogleich eingewendet, wie unwahrscheinlich es sei, „dass ein erobernder ruhmbegieriger Kaiser, statt sich durch ein selbständiges Monument zu verherrlichen, einem älteren Bauwerke grössten Stiles eine schlichte Erinnerungstafel anfügte, und dass eine solche Selbstbescheidung gerade von Traian, einem der ersten Bauherren aller Zeiten, zu erwarten sei" (Jahresh. d. österr. Inst. I, S. 124).

Nun dies verhält sich freilich gerade umgekehrt!

Auf Grund unserer Nachrichten aus dem Altertum nämlich müssen wir im Gegenteil bei jedem Bauwerke, an welchem wir den Namen des Kaisers Traian finden, den Zweifel erheben, ob derselbe etwas wirklich Wesentliches mit dem Baue zu tun hatte. Der blosse Name Traians an unserem Denkmale gestattet uns nicht im geringsten die Präsumption, dass Traian auch der ursprüngliche Bauherr sei. Man dürfte fast sagen im Gegenteil: er fordert zu dem Verdachte auf, dass er es nicht ist.

Denn hören wir das Zeugniss eines Mannes, der darüber recht gut Bescheid wissen musste, des Kaisers Constantin d. Gr. Der pflegte zu spotten über Traian und ihn das „Unkraut an der Wand" zu nennen, weil man seiner Inschrift allenthalben an den Bauten begegnete: *Constantinus ... Traianum herbam parietariam, ob titulos multis aedibus inscriptos, appellare solitus est* (Aurel. Victor, epitome 41, 13). Constantin spottete natürlich nicht darüber, dass Traian viel gebaut hat, sondern darüber, dass er jede Gelegenheit benutzt hat, seinen Namen in monumentalen Inschriften anzubringen. Dass man den Ausspruch des Constantin später dahin auffasste, dass er dem Traian vorwerfe, sich durch das Aufsetzen seiner Inschrift sogar unrechtmässiger Weise fremde

---

[1]) Von einer zweimaligen Benutzung der Platte, an die man als Möglichkeit auch denken könnte, würden wohl Spuren kenntlich geblieben sein, was nicht der Fall ist; auch beträgt die Entfernung vom Pilastervorsprung zur Inschriftplatte nicht mehr als zu der Fläche der anderen Seite; also ward jene auch nicht etwa durch Abarbeitung tiefer gelegt.

Bauten zuzueignen, geht aus einer Stelle des Ammianus Marcellinus (27, 3, 7) hervor, wo als Beispiel der vanitas des Lampadius angeführt wird: „*per omnia enim civitatis membra, quae diversorum principum exornarunt inpensae, nomen proprium inscribebat, non ut veterum instaurator, sed conditor, quo vitio laborasse Traianus dicitur princeps, unde eum herbam parietinam iocando cognominarunt.*“ Es wird diese Auffassung des Spottes Constantins wohl zu weit gegangen sein; wir werden nicht glauben, dass Traian wirklich wie ein Lampadius sich anmasste, an älteren Bauwerken sich lügenhafter Weise als Bauherr zu bezeichnen. Wohl aber entnehmen wir Constantins Ausspruch mit Sicherheit, dass es als eine Schwäche des grossen Kaisers galt, dass er seinen Namen gar zu gerne in monumentalen Inschriften verewigte und dazu eben gewiss jede ihm nur irgend gebotene Gelegenheit benutzte.

Constantin kannte gerade die Gegend unseres Denkmals vortrefflich; er hat hier gekämpft und hat die benachbarte, nach dem Tropaion benannte Stadt, wie eine Inschrift berichtet, von Grund aus wieder aufgebaut. Sein Spott galt vielleicht auch der Traianinschrift unseres Monumentes.

Also, wenn wir auch noch gar nichts anderes in Erwägung ziehen, so kann doch von einer durch die erhaltenen Inschriftreste gewährten Sicherheit der Datierung des Denkmals unter Traian nicht entfernt die Rede sein. Vielmehr muss die Möglichkeit, dass die Inschrift Traian gar nicht als den Erbauer des Monumentes nannte, in jedem Falle immer offen gelassen werden.

Diese Möglichkeit nun verwandelt sich in Bestimmtheit, wenn wir uns die Thatsachen vergegenwärtigen, welche das Denkmal selbst uns darbietet.

Ich sehe zunächst von den früher von mir entwickelten Gründen ab und beginne mit den neuen Beobachtungen.

Die Inschrift am Tropaion ist nicht das einzige Zeugniss von Traians Wirksamkeit in jener Gegend. Ganz nahe dem Tropaion wurden die Reste eines Denkmals für im Kriege gefallene Soldaten gefunden,[1]) das nach sehr wahrscheinlicher Ergänzung der verstümmelten Inschrift von Traian gestiftet worden war. Ferner ist nahe dem Tropaion von Tocilesco ein grosser Teil der Ruine der Stadt aufgedeckt worden, die nach jenem Tropaion *Tropaeum* hiess. Es wird allgemein und ohne Zweifel mit Recht angenommen, dass diese Stadt von Traian gegründet worden ist. Die Einwohner der Stadt nennen sich in den Inschriften *Tropaeenses*; doch einmal in einer Inschrift, und zwar der ältesten erhaltenen, welche zu einer von der Stadt dem Traian gesetzten

---

[1]) Tocilesco in den Verhandl. d. Philologenvers. zu Köln, S. 196 ff.; Mommsen im CIL. III suppl. 2, 14214.

Ehrenstatue gehörte und in das Jahr 115/116 datiert ist, nennen sie sich *Traianenses Tropaeenses* (CIL. III, suppl. 2, 12470). Dass Traian der Gründer der Stadt Tropaeum war, darf hieraus mit Sicherheit geschlossen werden. Die Inschrift am Tropaion fällt in das Jahr 108/109. Es ist jedenfalls höchst wahrscheinlich, dass die Gründung der Stadt durch Traian und die Anbringung der Inschrift am Tropaion, nach welchem die Stadt benannt wurde, zusammenhängende und gleichzeitige Akte waren. Diese unmittelbare Zusammengehörigkeit der Stadt und der Inschrift am Tropaion wird denn auch allgemein angenommen (vgl. Petersen, Röm. Mitth. XI, 311; Benndorf, Oesterr. Jahresh. I, 122. 127). Und gewiss wahrscheinlich ist es, dass, wie ebenfalls allgemein angenommen wird, jenes Ehrendenkmal für die gefallenen Soldaten mit jenen beiden anderen Stiftungen, der Inschrift und der Stadtgründung, zusammenhängt und gleichzeitig ist.

Wenn nun, wie man anzunehmen pflegt, die Inschrift mit dem Tropaionbaue, an welchem sie steht, wirklich gleichzeitig wäre, so müsste man Uebereinstimmung in der baulichen Eigenart zwischen dem Tropaion und dem Soldatendenkmal wie denjenigen ältesten Bauteilen der Stadt, die auf die Gründung zurückzuführen sind, erwarten.

Das Gegenteil ist der Fall. Der Tropaionbau steht im schärfsten Gegensatze zu jenen beiden anderen Bauwerken, dem Soldatendenkmal und der traianischen Stadtanlage; dagegen stimmen die beiden letzteren unter sich vollständig überein.

Der Tropaionbau ist vollständig von unten bis oben aus dem Materiale eines einzigen Steinbruches erbaut. Es ist ein harter, im Bruche fast rein weisser, sehr gleichmässiger und schöner Kalkstein. Seine Masse ist ganz dicht und gar nicht porös; zuweilen sind winzig kleine Muscheln eingesprengt, die aber nur bei genauester Betrachtung und nur im frischen Bruche sichtbar werden. Das Material erlaubt durch seine Gleichmässigkeit, Dichtigkeit und Härte eine sehr exakte scharfe Arbeit. Der Tropaionbau zeigt solche in hohem Grade. Die Schärfe und Sorgfalt der Arbeit ist an allen gut erhaltenen Blöcken bewundernswert. Die Kanten der noch in situ befindlichen Quadern des Rundbaues mit ihrem Randbeschlag, auch die Kanten mancher Teile des ornamentalen und figürlichen Schmuckes sind messerscharf geschnitten. Und zwar geht dieselbe Sorgfalt und Schärfe der Arbeit durch das Ganze und zeigt sich an den Zinnen ebenso wie unten. Auch das Tropaion nebst den Kolossalfiguren, alles ist aus demselben Kalkstein gearbeitet. Und selbst die Bruchsteine des Betonmantels stammen aus demselben Steinbruche; das Material ist absolut einheitlich. Vor allem ist hervorzuheben, dass nirgends in dem Betonkern die Spur eines Ziegels zu bemerken ist. Auch finden sich in der ganzen Umgebung keine Ziegelreste. Von der Güte des Materiales und seiner geschickten Ausbeutung im Steinbruche legt namentlich die riesige Inschriftplatte, die aus einem Stücke bestand, Zeugniss ab.

Auf den ersten Blick kenntlich ist die totale Verschiedenheit des Materiales des Soldatendenkmals sowie der traianischen Teile der Stadt. Es ist hier' ebenso konsequent wie dort am Tropaion ein einziger Stein verwendet, der aber aus einem anderen Bruche stammt wie jener. Es ist ein viel geringeres Material, ein grober Muschelkalk, der von schmutziger dunkler Farbe ist. Er besteht fast ganz aus zusammengebackenen grossen Muscheln, die sofort schon aus der Entfernung sichtbar sind. Es giebt Blöcke von etwas gröberer und solche von etwas feinerer Art, das Material ist aber immer das gleiche. Scharfe und feine Arbeit in der Art jenes anderen lässt es nicht zu. Ebensowenig die Herstellung grosser Platten. Die Verkleidung des Soldatendenkmals, über welche die Inschriften hinliefen, ist aus relativ kleinen Blöcken zusammengesetzt, so dass die Fugen die Inschriften unterbrachen.

Derselbe geringe Muschelkalk, aus dem das Soldatendenkmal besteht, ist aber das Material, aus welchem alle Quaderbauten der Stadt errichtet sind. Vor allem bestehen die sämmtlichen Mauern und Thürme der Stadt aus eben jenem Materiale. Diese sind vorzüglich gebaut in grossartiger monumentaler Weise; sie stammen ohne Zweifel von der Gründung der Stadt durch Traian her. Traianisch ist gewiss auch das grösste der freigelegten Gebäude, das eine stattliche Reihe grosser Säulenbasen zeigt, und dessen Ueberbauung unter Constantin sehr deutlich zu erkennen ist; Quadern und Säulenbasen sind aus demselben Steine wie das Soldatendenkmal. Es sind aber in der Stadt überhaupt alle Quadern aus jenem Muschelkalk, und der helle harte Kalkstein wie der des Tropaions ist in der Stadt zu Quadern überhaupt nicht verwendet worden, nur etwa zu Schwellensteinen. Zu bemerken ist auch, dass in dem traianischen Mauerringe der Stadt in dem Bruchsteingusswerke öfter einzelne Ziegelbrocken vorkommen; ich habe solche an zweifellos der ursprünglichen traianischen Anlage angehörigen Stellen beobachtet, die von vorzüglich gearbeiteten Quadern jenes Muschelkalkes bekleidet waren.

Die hier vorgetragenen Thatsachen sind von entscheidender Bedeutung. Sie liefern den handgreiflichen Beweis, dass der Tropaionbau mit der traianischen Bauthätigkeit in jener Gegend nichts zu thun hat, dass er einer ganz anderen Epoche angehören muss. Die technische Aufgabe war an allen drei Punkten, bei der Stadtanlage, dem Soldatendenkmal und dem Tropaion die gleiche, d. h. diese Bauten sind alle mit Bruchsteinkern und Hausteinverkleidung aus-

Abh. d. I. Cl. d. k. Ak. d. Wiss. XXII. Bd. III. Abth.   63

15

geführt. Es ist undenkbar, dass bei gleichzeitiger Ausführung der drei Anlagen die eine ohne jeden Grund aus dem Materiale eines anderen Steinbruches ausgeführt worden wäre als die beiden anderen. Und selbst wenn man die Möglichkeit zugäbe, dass man für den einen Bau das Material eines besonderen Bruches bestimmt hätte — obwohl dafür gar kein Grund denkbar wäre, da die Aufgabe an den verschiedenen Bauten ganz die gleiche war — so würde doch bei Ausführung in der gleichen Epoche eine so radikale Scheidung der Materialien, bei der nicht die geringste Mischung eingetreten ist, unmöglich sein.

Die Thatsache ist vielmehr nur zu erklären durch die Annahme, dass ein langer Zeitraum zwischen dem Tropaionbaue einerseits und der Anlage der Stadt sowie des mit dieser zusammengehörigen Soldatendenkmals andererseits liegt. Die Tradition war abgerissen, als die Architekten Traians kamen, um ihre Bauten zu errichten. Die Brüche, welche das schöne, weisse, harte Material des Tropaionbaues ergeben hatten, waren ihnen entweder ganz unbekannt oder sie verschmähten sie, weil sie erschöpft waren oder weil sie ein bequemer zu bearbeitendes weicheres Material suchten. Sie fanden neue Brüche, die einen freilich sehr viel geringeren Stein ergaben; sie errichteten alle ihre Bauten konsequent aus diesem; und, wie die Stadtruine zeigt, auch die folgenden Epochen blieben für allen Quaderbau dabei. Der Tropaionbau steht ganz isoliert. Er muss einer Zeit angehören, wo sonst rings umher nirgends gebaut wurde; alle anderen Bauten der Gegend hängen unter sich eng zusammen und sind durch eine gemeinsame Tradition verknüpft. Das Tropaion steht allein und getrennt ohne Vorläufer und ohne Nachfolge. — Es sei auch hier noch einmal daran erinnert, dass in dem Bruchsteinkern des Tropaions keinerlei Ziegelbrocken vorkommen, die bei den traianischen Anlagen öfter zu beobachten sind.

Die Tatsachen finden ihre vollkommenste Erklärung in unserer Annahme, wonach der Tropaionbau in einer Epoche, wo man an dauernde Ansiedlung gar nicht dachte und keinerlei andere Bauten errichtete, rasch in einem Zuge vollendet, dann aber die ganze Gegend von den Römern verlassen wurde und lange verödet gelegen hat; bis endlich durch Traian Ansiedler in die Gegend verlegt wurden, und nun eine ganze Reihe unter sich zusammenhängender Bauanlagen folgte, deren Architekten sich ihr eigenes vom Tropaionbau verschiedenes Material erwählten und dafür neue Brüche eröffneten.

Die Geschichte der Stadt ist in ihren Ruinen noch deutlich zu erkennen. Ihre Lage auf einem ringsum abfallenden Hügel ist vortrefflich gewählt; sie erhielt das Wasser aus der grossen Quelle bei dem heutigen Dorfe Adamklissi; es sind noch zwei Leitungen erhalten, eine mit grossen schönen Thonrohren und eine, die aus Bruchsteinen aufgemauert ist. Die monumentalen Bauten der ersten traianischen Anlage, insbesondere der prächtige Mauerring, unterscheiden sich sehr von allem späteren. Sehr deutlich ist allenthalben der durch eine Inschrift bezeugte, nach der Zerstörung durch einen Barbaren- einfall erfolgte Umbau der Stadt unter Konstantin.[1]) Allein alles Konstanti- nische ist entsetzlich elend, kümmerlich und abscheulich; von kindischer Rohheit sind die wenigen vorkommenden Kunstformen, wie die ionischen Kapitelle. Charakteristisch sind zwei pfeilerförmige Untersätze für Säulen eines Baues, die auf der Stadthöhe neben einander liegen; der eine ist gut gearbeitet, oben mit ionischer Säulenbasis, traianisch in Material und Arbeit; der entsprechende andere ist ganz roh, ohne Säulenbasis, nur ein Pfeiler; er gehört der konstantinischen Restauration an. Charakteristisch ist auch, dass man in konstantinischer Zeit die Grabsteine von draussen in die Stadt herein holte, um sie, mit der Reliefseite nach unten, als Pflaster bei den Toren, als Schwellensteine u. dgl. zu benutzen. Indess sind auch Spuren noch späterer Einbauten erhalten, die dann auf einer hohen Schuttschicht stehen.

Sollte Jemand etwa noch das Bedürfnis fühlen, sich von der gänzlichen Unmöglichkeit der Entstehung des Prachtbaues des Tropaions in späterer, nachtraianischer, ja gar konstantinischer Zeit durch den Augenschein zu über- zeugen, so sei ihm das Studium der Stadtruine von Adamklissi empfohlen.

Aus der einmal bei der Widmung der Ehrenstatue des Stadtgründers Traian vorkommenden Bezeichnung der Einwohner als *Traianenses Tropaienses* wird auf die Namensform der Stadt *Tropaeum Traiani* oder *Traianum* oder *municipium Traianum Tropaeensium* geschlossen (E. Bormann in Archäol. epigr. Mitt. aus Oesterr. XIX, H. 2, S. 4). Dass das traianische Element des Stadt- namens aber in jedem Falle nicht das geringste für Traian als Erbauer des Tropaions, sondern nur für Traian als Gründer der Stadt beweisen kann, indem der traianische Zusatz doch *Tropaeum* als Stadtnamen, nicht aber als Name des Tropaionbaues determiniert, ist so klar, dass es kaum nötig scheinen möchte, diese einfache Erwägung hier zu wiederholen (vgl. Sitzungsber. 1897, I, S. 264; dagegen Jahreshefte d. öst. Inst. I, S. 127).

Ich füge nur die Bemerkung hinzu, wie begreiflich es ist, wenn eine Stadt nach einem längst vorhandenen, die ganze Gegend charakterisierenden Denkmale benannt wird, und wie unwahrscheinlich es wäre, wenn man bei gleichzeitigem Baue der Stadt den gleichen Namen wie dem Siegesmale gegeben hätte.

---

[1]) Vgl. Tocilesco in Verh. d. Philol.-Vers. in Köln, S. 194.

63*

Ferner wiederhole ich, weil es zu selbstverständlich erscheint, nur widerstrebend, was ich früher in Bezug auf die Münze von Tomi bemerkt habe, auf welcher einerseits der Kopf Traians mit dem Namen im Dativ, andererseits ein Tropaion auf einer Basis erscheint, in welchem man eine Nachbildung des grossen Tropaionbaues vermutet (Pick in Archäol. epigr. Mitt. aus Oesterr. XV, S. 18; Adamklissi S. 126). Denn, wenn diese Vermutung richtig ist — was indess nach der neuen Rekonstruktion des Oberbaues des Tropaions an Wahrscheinlichkeit etwas verloren hat —, so liegt doch, wie ich früher bemerkte (Sitzungsber. 1897, I, S. 265) „klar auf der Hand, dass die Münze für die Entstehungszeit des Tropaions nur einen terminus ante quem abgiebt; nur zum Beweise, dass das Tropaion nicht nachtraianisch ist, kann sie — die Richtigkeit jener Vermutung vorausgesetzt — benutzt werden. Wäre erwiesen, dass das Tropaion traianisch wäre, könnte man sie als eine Bestätigung dafür wohl gelten lassen; als Beweis gegen vortraianischen Ursprung kann sie kein klar Denkender je benutzen wollen." Sie lehrt genau so viel und so wenig, als wenn heute auf einer zu Ehren der Entdecker des Tropaions geprägten Medaille dieses nachgebildet erschiene: sie gibt einen terminus ante quem.

Das Soldatendenkmal hat man früher benutzen wollen, um den vermeintlichen traianischen Ursprung des Tropaions zu stützen. Ich habe dagegen, schon bevor ich die Denkmäler im Originale kannte, bemerkt (Sitzungsber. 1897, I, S. 262), dass vielmehr im Gegenteil der traianische Ursprung des Soldatendenkmals ein Zeichen gegen die gleiche Entstehung des Tropaions ist, indem „die Doppelheit, Tropaion und Ehrenmal der Soldaten für eine und dieselbe Schlacht geradezu unverständlich" wäre. „Wie sollte der Erbauer des Tropaions daneben noch das Bedürfnis gehabt haben, ·den Soldaten ein besonderes Mal zu errichten! Wollte er die Namen der Einzelnen verewigen, bot ihm der gewaltige Steinmantel des Tropaion nicht den passendsten Raum in Fülle? Wie sollte er in schwacher Konkurrenz mit dem eigenen grossen Denkmal daneben noch ein kleines relativ unscheinbares erbauen!" Diese Anschauung ist jetzt als die richtige erwiesen durch den technischen Befund der beiden Bauwerke, der ergibt, dass sie sich völlig fremd sind und getrennter Epoche angehören müssen.

Das Denkmal ist Dank seiner gegenüber dem Tropaion viel geringeren und weniger soliden Ausführung stark zerstört; von dem einstigen Plattenbelage ist nur sehr wenig gefunden worden. Erhalten ist die gering gebaute quadratische Bruchsteinmauer, die mit den Platten jenes weichen groben Muschelkalkes verkleidet war. Der erhaltene Rest von Dekoration mit Guirlanden zeigt eine flaue stumpfe Arbeit, gänzlich verschieden von dem Ornamentalen des Tropaions.

Das Denkmal ist nicht etwa ein Grab für die gefallenen Soldaten — der Bau enthielt keinerlei Grabstätte — sondern höchstens ein Kenotaph. Es war ein Ehrenmal, das Traian für in einem Gefechte gefallene Soldaten errichten liess; um eine grosse Schlacht kann es sich nach der relativ kleinen Anzahl der Gefallenen nicht handeln. Als Analogie hat man (vgl. CIL. III, suppl. 2, 14214) passend auf die Nachricht bei Dion 68, 8 hingewiesen, wonach Traian nach der ersten Schlacht im dakischen Kriege bei Tapae für die gefallenen Soldaten einen Altar aufstellen liess und ein jährliches Opfer befahl. Es beweist diese Nachricht die Pietät, die Traian gegen die Gefallenen seines Heeres zeigte. Eine Analogie zu unserem Denkmale bietet auch das (im CIL. a. a. O. ebenfalls zitierte)[1] „monumentum quam amplissimum", das Cicero in seiner 14. Philippica (§ 31 ff.) für die in einem Gefechte gegen Antonius gefallenen Soldaten im Jahre 43 v. Chr. beantragte; er dachte sich ein prächtiges Monument mit Inschriften, etwas in der Art wie das traianische, nur glänzender, „erit exstructa moles opere magnifico incisaeque literae, divinae virtutis testes sempiternae"; das Ganze soll „ad virorum fortissimorum gloriam sempiternam" dienen, Worte, denen die Ueberschrift des traianischen Denkmals nach den erhaltenen Resten offenbar sehr ähnlich war.

Das Gefecht, in welchem die Krieger gefallen waren, wird eben die Barbaren aus der Gegend vertrieben und die Gründung der Stadt Tropaeum ermöglicht haben. Es braucht das Gefecht nicht gerade in unmittelbarer Nähe stattgefunden zu haben; denn der Platz für das Denkmal wurde zweifellos gewählt wegen des daneben stehenden Tropaions, als des Ehrenmales der Römer und des Wahrzeichens ihrer Herrschaft in der ganzen Gegend, von welchem auch die Stadt ihren Namen empfing.[2] Durch die Stadtanlage konnte Traian seine Fürsorge für die Veteranen bekunden, die er hier angesiedelt haben wird; durch das Ehrenmal für die Gefallenen die Liebe zu seinen Soldaten.

Ohne Zweifel ist der dritte damit zusammenhängende Akt Traians die Anbringung der Inschrift an dem Tropaion.

---

[1] Ebenda ist auch hingewiesen auf das Grabmal, welches die Nursiner ihren im mutinensischen Kriege gefallenen Bürgern errichteten und auf das sie die Inschrift setzten, dass sie für die Freiheit gefallen seien, wofür sie dann so schwer bestraft wurden (Sueton Aug. 12; Dion 48, 13).

[2] So wählten die Thebaner für das Grabmal ihrer bei Chaeronea Gefallenen einen Platz an der Heerstrasse unmittelbar vor der Stadt bei den anderen Grabmälern, in beträchtlicher Entfernung vom Schlachtfelde, wie jetzt durch Soteriades' Entdeckung des Tumulus der Makedonen feststeht.

Wir sahen, dass das Tropaion als Bauwerk nichts mit den traianischen Anlagen zu thun hat. Wir trennen Inschrift und Bauwerk. Die Inschrift ist gewiss gleichzeitig dem Ehrenmal der Soldaten und der Stadtanlage und hängt mit demselben Ereignisse zusammen wie diese, d. h. mit der Befriedung dieser Gegend unter Traian, bei welcher ein Gefecht eine Rolle spielte, in welchem eben jene Soldaten fielen. Da die Inschrift gerade in ihrer entscheidenden Partie unheilbar verstümmelt ist, können wir nur Vermutungen über ihren Inhalt hegen, und Ergänzungsversuche werden deshalb besser unterbleiben. Ich ziehe auch meinen eigenen früher (Sitzungsber. 1897, I, 262) gewagten Versuch zurück.

Nur das möchte ich, wie oben S. 465 f. schon angedeutet wurde, als wahrscheinlich bezeichnen, dass der Rest der Zeile 8 *itu* zu *restituit* zu ergänzen ist, und zwar deshalb, weil dieses Wort eines der allergewöhnlichsten in der Klasse von Inschriften ist, zu welcher die vorliegende gehört; nichts ist häufiger bei Inschriften auf Bauwerken aller Art als die Angabe . . . „restituit." Wenn wir ergänzen

Zeile 8 tropaeum rest|itu
Zeile 9 it . . . .

so haben wir genau 15 Buchstaben in der Zeile, gerade wie es der Raum verlangt. In Zeile 9 und 10 werden, nach anderen Analogien, wo das Verbum nicht am Schlusse steht, Zusätze im Ablativus Absolutus gefolgt sein, die eben etwas von dem Näheren enthielten, das wir so gerne wissen möchten und nicht mehr wissen können.

Die Fassung, die wir vorschlagen: *Marti Ultori* . . . Name und Titel . . *tropaeum restituit* findet nach Wortstellung wie Inhalt zahlreiche genaue Parallelen unter den analogen Inschriften von Bauwerken. Vgl. z. B. Dessau, inscript. lat. selectae Nr. 3153 *Marti Gradivo* . . Name . . *sacrum restituit,* oder Nr. 3655 *Silvano* . . Name . . *aediculam restituit,* oder Nr. 4452 *deo sancto frugifero* . . . Name . . . *templum simul cum area et aras* . . *restituit,* oder Nr. 3660 *genio domi suae* . . . Name . . *aram restituit* u. a. Und auch dafür finden sich Analogien, dass, wie wir es in unserem Falle voraussetzen, nach dem Verbum *restituit* noch Zusätze im Ablativus Absolutus folgen; z. B. Dessau Nr. 3381; 3151 (wo refecit statt restituit).

Zum Gedanken und seiner Fassung darf auch verglichen werden die bekannte Stelle des Horaz carm. 4, 15, 16 „tua Caesar aetas . . . et *signa nostro restituit Jovi* derepta Parthorum superbis postibus".

Augustus hatte im Kriege gegen Brutus und Cassius einen Tempel dem Mars als Ultor gelobt; doch erst im Jahre 2 n. Chr. wurde dieser eingeweiht.

Von da an war die Cella dieses Tempels des Mars Ultor der Platz, wo die den Feinden wieder entrissenen Feldzeichen aufgestellt wurden. Am Panzer des Augustus von Prima Porta ist dargestellt, wie der Parther die signa dem Mars, dem Ultor zurückgiebt.[1]) Die hohe Geltung, welche diesem Mars Ultor im Kultus des kaiserlichen Heeres auch während der ganzen Folgezeit zukam, geht aus zahlreichen Thatsachen hervor, nicht zum wenigsten aus den gerade in den Provinzen, wo die Heere standen, so häufigen Statuetten, welche Nachbildungen des Kultusbildes jenes Tempels des Mars Ultor sind.[2]) Wenn Traian, wie wir nach dem Ehrendenkmal für die gefallenen Soldaten annehmen müssen, durch ein Gefecht die Landschaft, in welcher das Tropaion liegt, und damit diesen Römerbau selbst wiedergewonnen hat, nachdem sie vorübergehend in den Händen der Barbaren gewesen sein müssen, so war es durchaus die korrekte Handlungsweise, wenn er jenes Tropaion als eine Art von monumentalem römischem Feldzeichen, das wiedergewonnen war, dem Mars als dem Ultor restituierte; und der korrekte Ausdruck hiefür war die Inschrift in der Fassung, wie wir sie ergänzt haben.

Wir haben gesehen, dass die grosse Platte, welche die Inschrift trägt, im ursprünglichen Bau für eine Inschrift vorgesehen war. Da der Bau nicht traianisch sein kann, wie wir sahen, und da andererseits keine Spur von einer doppelten Benutzung der Platte erhalten ist, so wird dieselbe ursprünglich aus irgend einem Grunde (vgl. unten S. 485) ohne die beabsichtigte Inschrift geblieben sein, bis Traian in der Gegend dauernden Frieden schaffte und nun die Inschrift anbrachte, durch die er das wiedergewonnene Tropaion dem rächenden Kriegsgotte restituierte. Wir werden drum nicht über ihn mit Constantin als eine „herba parietaria" spotten; denn durch blutigen Kampf war ja das Recht zu der Inschrift erworben.

Zu all den hier besprochenen Stiftungen Traians, der Stadtgründung, dem Soldatendenkmal und der Inschrift am Tropaion war natürlich persönliche Anwesenheit des Kaisers nicht im mindesten notwendig. Wir sahen, dass jene drei Akte eng zusammenhängen und daher wahrscheinlich in ein und dasselbe Jahr, das uns die Tropaioninschrift angibt, das Jahr 108/9 gehören. Traian war 106 nach Beendigung des zweiten dakischen Krieges nach Rom zurückgekehrt. Von hier aus leitete er die auf den Krieg folgende, ganz ausserordentlich intensive, ja massenhafte Kolonisation in den weiten Donaugebieten.

---

[1]) Vgl. Domaszewski in Strena Helbig. S. 51.

[2]) Vgl. meine Nachweise in Sammlung Somzée S. 59—62 zu Taf. 35. Dazu ist neuerdings manches hinzugekommen, was meine Resultate bestätigt hat. (Vgl. insbesondere Revue arch. 1899, vol. 34, p. 37, pl. 2; Römische Mitteil. XV, 1900, S. 205 ff.)

An zahlreichen Plätzen Untermösiens und Thrakiens entstanden neue Städte und wurden Kolonisten, insbesondere Veteranen, angesiedelt. In diesen Zusammenhang gehört gewiss auch die Gründung des municipium Tropaeum, das „die erste und lange Zeit einzige römische Gemeinde dieser Gegenden war“ (Jahresh. d. österr. Inst. I, Beibl. 191). Auch das oder die Gefechte, in welchen die Soldaten fielen, denen das Denkmal gilt, setzen natürlich nicht im mindesten Traians Anwesenheit voraus; sie können nur ein Nachspiel zu dem vorangegangenen grossen Kriege gewesen sein, dessen deshalb auch in unserer Ueberlieferung keine Erwähnung geschieht. Die Gefechte werden Ruhe in jenem unruhigen Winkel geschaffen haben, und sie gaben auch den Anlass zu der Anbringung der Inschrift am Tropaion. Wie genau sich Traian in Rom über alle Details aus dem weiten Reiche berichten liess, und wie er namentlich auch alle Bauangelegenheiten überwachte, lehrt der erhaltene Briefwechsel mit Plinius.

Die phantastische Konstruktion, die Benndorf in dem Werke über Adamklissi errichtet hatte, wonach das Tropaion das Siegesdenkmal für die dakischen Kriege gewesen wäre, wonach Traian zu Beginn des zweiten Feldzugs über Korinth und Byzanz gefahren wäre und eine Hauptschlacht in der Gegend des Tropaions selbst geleitet hätte, und wonach all dies in den Reliefs der Traianssäule zu lesen wäre, wofern man nur verstände „sich in die zarte Deutlichkeit künstlerischer Gedankengänge einzufühlen“, diese Konstruktion ist eingestürzt und ward von Grund aus zerstört durch die neueren Forschungen über die Bildwerke der Traianssäule. Das grosse Werk von Cichorius hat durch gründlichste Untersuchung bestätigt, was ich schon Intermezzi S. 57 gegen Benndorfs Annahme bemerkte: „der Schauplatz der Dakerkriege wird durch die Brücke von Drobetae und die Hauptstadt des Decebalus Sarmizegetusa bestimmt“. Die Annahme, dass Traian mit kolossalem Umwege statt über Aquileia über Korinth gereist und von der Gegend der Dobrudscha her die Donau hinaufgezogen sei, ist durch Cichorius Untersuchungen in ihrem ganzen Widersinne blossgestellt worden (Cichorius, Traiansäule Text Bd. III, S. 23 f., 29 ff.; vgl. S. 130). Es ist durch diese Untersuchungen jeder Vermutung, welche das Tropaion mit der offiziellen Schilderung der dakischen Kriege, welche die Säulenreliefs enthalten, verbinden wollte, der Boden entzogen worden. Und der schwache Versuch, den E. Petersen gemacht hatte, wenigstens eine Episode der Säulendarstellung mit dem Tropaion von Adamklissi zu verbinden (vgl. dagegen Intermezzi S. 56), ist von dem Urheber selbst neuerdings als gescheitert bezeichnet worden (E. Petersen, Traians dakische Kriege I, 1899, S. 52, Anm. 2).

Die Beziehung des Tropaions auf die dakischen Kriege Traians hatte den
Verfechtern des traianischen Ursprungs des Tropaionbaues wenigstens die Möglichkeit einer Erklärung desselben gegeben. Nun jene Beziehung als unmöglich
anerkannt worden ist, ist der Tropaionbau für sie gänzlich unverständlich
geworden. Denn dass ein so gewaltiges Siegesdenkmal von Traian nicht für
einen nebensächlichen, ausserhalb der eigentlichen dakischen Kriege liegenden
Erfolg errichtet sein kann, giebt jeder zu. Das dem Tropaion gegenüber
unscheinbare, bescheidene und kleine Ehrenmal für gefallene Soldaten auf
Gefechte zu beziehen, die nach Abschluss des grossen Krieges in dieser Gegend
stattfanden, macht keine Schwierigkeit; zur Erklärung des Tropaion könnte
ein solcher Anlass niemals ausreichen.

Indessen wir wissen ja jetzt durch die technische Untersuchung der Bauten,
dass sie nicht derselben Epoche angehören können, dass ein anderer Anlass
das Soldatendenkmal und die Stadtanlage, ein anderer den Bau des Tropaions
hervorgerufen haben muss, und dass nur die Inschrift an dem Tropaion mit
jenen ersten beiden Dingen zusammengehört.

Wir haben uns bis jetzt nur auf unsere neuen Beobachtungen beschränkt,
welche den entscheidenden Beweis lieferten, dass der Tropaionbau den traianischen Anlagen fremd gegenübersteht und einer älteren Epoche angehören muss.

Nun kommt ja aber das ganze Gewicht all der Gründe hinzu, welche ich
in meinen früheren Abhandlungen dargelegt habe, und welche mich von Anfang an bestimmten, das Tropaion der vortraianischen Epoche zuzuschreiben.
Sie seien hier in aller Kürze rekapituliert.

Erstens: Die ganze Erscheinung, die Tracht und Bewaffnung der römischen Soldaten in den Darstellungen am Tropaion ist von der auf traianischen
Bildwerken total verschieden. Alle festen Anhaltspunkte weisen für das Tropaion
auf eine bedeutend ältere Zeit.

Am Tropaion sind alle Römer immer unbärtig, d. h. rasiert. Auf den
traianischen Denkmälern sieht man, dass der frühere Rasierzwang nicht mehr
bestand und nicht mehr aufrecht erhalten werden konnte; ein kurz gehaltener
Bart war, wie die traianischen Bildwerke zeigen, unter Traian im Militär und
selbst in der unmittelbaren Umgebung des Kaisers schon etwas sehr gewöhn-
liches geworden. Hier liegt schon ein Unterschied von entscheidender Bedeutung vor.

Am Tropaion tragen sämtliche römische Soldaten den Ketten- oder
Schuppenpanzer. An der Traianssäule ist diese Panzerart auf die Auxiliar-

Cohorten und die Reiterei beschränkt, während der Legionar die sogenannte lorica segmentata, den Schienenpanzer trägt, der vor Traian nicht nachweisbar, für die Legionare der traianischen Epoche aber eminent charakteristisch ist; auch hier also eine entscheidende Differenz. Benndorf freilich ist, in dem Bestreben, die Darstellungen am Tropaion mit aller Gewalt an Traian anzuknüpfen, so weit gegangen, anzunehmen, der Schienenpanzer der traianischen Denkmäler sei nur eine von der Kunst erfundene „Formel", der gegenüber das Tropaion die traianische Wirklichkeit darstelle. Dass dieser Gedanke keine ernsthafte Erörterung verdient, ward früher schon bemerkt (Intermezzi S. 54; Sitzgsber. 1897, I, S. 273). Inzwischen haben auch die Ausgrabungen gesprochen: zahlreiche Teile von Schienenpanzern, welche mit denen der Legionare auf der Traianssäule vollkommen übereingestimmt haben müssen, sind 1899 im Lager von Carnuntum gefunden worden (Der römische Limes in Oesterreich, Heft II, 1901, S. 95 ff. M. v. Groller). — Mit den Legionaren von Adamklissi stimmen die an dem Altarrelief des Domitius (35—32 v. Chr.) überein, indem auch sie den Kettenpanzer tragen. Der Kettenpanzer gehörte zu der Ausrüstung des Legionars schon zur Zeit des Polybios (VI, 23, 15).

Der Gurt mit dem Streifenbehang, das sogenannte Cingulum, der an den Legionaren der Traianssäule, wenn nicht immer, so doch sehr oft und regelmässig an den Grabsteinen des 1. Jahrhunderts n. Chr. erscheint, fehlt am Tropaion ebenso wie er am Altar des Domitius fehlt (Sitzgsber. 1897, I, S. 274).

Die Schildformen sind von denen der Traianssäule sehr verschieden (Intermezzi S. 55; Sitzgsber. 1897, I, S. 275). Die langen ovalen Schilde am Tropaion stehen denen des Domitius-Reliefs näher als denen der Traianssäule. Der runde Buckel jener ovalen Schilde erinnert an die der Schilde der constantinischen Krieger am Constantinsbogen in Rom; allein die Schilde der letzteren sind kreisförmige Rundschilde und dadurch völlig verschieden, wie auch sonst zwischen der Rüstung dieser Krieger und derer des Tropaions gar keine Aehnlichkeit besteht. Ich erwähne dies, obwohl es überflüssig erscheinen möchte, weil auch behauptet worden ist, die Rüstung am Tropaion sei die constantinische.

An den Soldaten des Tropaions erscheinen Arm- und Beinschienen. Dies ist ein entschieden altertümlicher Zug. Er ist den traianischen Denkmälern schon ganz fremd (Sitzgsber. 1897, I, S. 275).

Ebenso altertümlich ist das schwere Pilum am Tropaion, das der Beschreibung des Polybios entspricht. Es ist in traianischer und späterer Zeit überhaupt nicht mehr nachzuweisen. Dagegen erscheint es gleichartig, nur in geschickterer Nachbildung, am Julierdenkmal von St. Remy (Antike Denkmäler I, Taf. 17 unten; vgl. Jahrb. d. Inst. III, S. 33). Schon an der Marcus-

Säule ist das Pilum durch einen gewöhnlichen kurzen Wurfspeer ersetzt. Einen solchen führen auch die constantinischen Soldaten. Das Pilum am Tropaion genügte allein, um das relativ hohe Alter des Bauwerkes zu beweisen.

Am Tropaion haben die Standartenträger, die Hornbläser und Tubabläser (letztere auf der nichtabgebildeten „Metope" Nr. 50) noch nicht die in der flavischen Zeit aufkommende Tracht mit den Fellen, die von dem fortschreitenden Einfluss der Barbaren zeugt, und die an den traianischen und späteren Denkmälern so charakteristisch ist. Sie haben vielmehr noch die gewöhnliche Tracht der übrigen Legionare.

Am Tropaion haben die Helme der Legionare eine sehr eigentümliche Form (besonders deutlich an den Originalen von „Metope" 17, 18, 20 u. 22). Der Kopf ist sehr hoch und kegelförmig; er ist oben mit einem doppelten Knopfe bekrönt; von hier aus gehen Streifen, offenbar erhöhte Rippen, nach unten zu dem abstehenden Rande. Sehr lang und an der Seite gewellt ist der Nackenschirm. Solche Helme begegnen weder an den Soldatengrabreliefs des 1. Jahrhunderts noch an den römischen Soldaten der traianischen Denkmäler, noch an den späteren wie denen des Septimius Severus und Constantin. Wohl aber begegnen Helme des gleichen Typus an einer Truppe orientalischer, wie man vermutet Palmyrener, Bogenschützen auf der Traianssäule (Cichorius Taf. 50, 177, 178; Text Bd. II, S. 328; Taf. 86, 309; Text Bd. III, S. 233 f. Beistehende Figur a giebt einen dieser Helme der Traianssäule neben b einem Helme der Adamklissi Reliefs nach meiner Skizze). Die Helme der römischen Soldaten an der Säule sind von völlig anderer Art, mit niederem, halbrundem Kopfe und relativ kleinem Nackenschutz. Auch hier also stärkste Divergenz am Tropaion.[1]

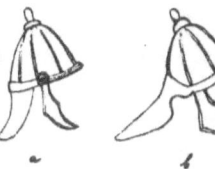

Dies der erste Punkt, der die Tracht der römischen Soldaten betrifft. Nun der zweite: die Barbaren.

Die barbarischen Gegner der Römer sind am Tropaion und an den traianischen Denkmälern (Säule und Relief am Constantinsbogen) vollständig verschieden. Und was besonders wichtig ist: Barbaren des Typus, wie sie Hauptgegner der Römer am Tropaion sind, erscheinen freilich auch auf der Säule

---

[1] Die hohen kegelförmigen Helme waren übrigens schon in alter Zeit im Orient heimisch; sie begegnen auch auf Cypern (vgl. Olympia IV, die Bronzen S. 172.) Die gallische Helmform hängt mit dieser orientalischen zusammen; am pergamenischen Waffenfriese kommen kegelförmige Helme in verschiedenen Varianten vor (vgl. Pergamon II, Taf. 43. 44, 1. 46, 3).

64*

Traians — allein als Freunde und Verbündete der Römer. Also total veränderte historische Verhältnisse (vgl. Sitzgsber. 1897, I, S. 260).

Ferner drittens: alle Analogieen, die wir zu dem Tropaionbaue von Adamklissi kennen, gehören der Augusteischen und den vorangehenden Epochen an, keine der späteren; insbesondere auch keine der traianischen Zeit.

Die nächsten Analogieen, von denen wir wissen, geben uns auch Aufschluss über den Sinn des Tropaions in der Dobrudscha. Es sind dies Bauten, welche, in Form gewaltiger monumentaler Tropäen auf hohem Unterbau errichtet, jeweils im Barbarenlande, und zwar an die äusserste Grenze eines neu eroberten Gebietes vorgeschoben stehen. Dort sollten sie die Kraft des römischen Eroberers weit hinaus verkünden.

Grosse Tropäen auf thurmförmigen Unterbauten errichteten schon die beiden römischen Feldherren, die 121 v. Chr. die Kelten in ihrem eigenen Lande schlugen. Die Folge ihrer Siege war, dass das südliche Gallien, das ganze Land zwischen den Seealpen und den Pyrenäen, unter die römische Herrschaft kam. [1]) Ein grossartiges prunkvolles Tropaion errichtete Pompeius 72 v. Chr. nach Beendigung des Krieges gegen Sertorius an der Grenze des neu unterworfenen Landes auf einer Passhöhe am östlichen Ende der Pyrenäen.[2]) Ebenfalls auf einer Passhöhe an der Grenze des neu eroberten Gebietes der Alpenvölker erhob sich das 7/6 v. Chr. von Senat und Volk dem Augustus errichtete Tropaeum Alpium oder die Tropaea Augusti, ein Bau, von dem noch Reste erhalten sind.[3]) Auch hier war der Kern des Baues ein massiver Thurm, der oben das Tropaion trug. Der Bau scheint dem von Adamklissi verwandt, doch reicher gewesen zu sein. Endlich wissen wir von Drusus und Germanicus, dass sie an den Endpunkten ihrer neuen Eroberungen in Germanien, an der Elbe und Weser grosse Tropäen errichteten, freilich, den örtlichen Verhältnissen entsprechend, nicht in monumentalem Steinbau, sondern wesentlich auf Erdaufschüttung, doch mit monumentaler Inschrifttafel (die Tacitus ann. 2, 22 für das Tropaion des Germanicus bezeugt.)[4])

Diese Analogieen führen zu dem Schlusse, dass das Tropaion von Adamklissi unter ganz anderen historischen Verhältnissen entstanden sein muss als sie die traianische Zeit bot. Es muss ursprünglich an der Grenze frisch eroberten, der römischen Herrschaft zum ersten Male gewonnenen Gebietes gestanden haben. Nachdem bereits unter Domitian in der Nähe des Tropaions

---

[1]) Mommsen, röm. Gesch. II⁷, 162 f. Vgl. Monument von Adamklissi S. 138.
[2]) Adamklissi S. 139.
[3]) CIL. V, 7817; add. p. 1092; Adamklissi S. 139 f. Intermezzi S. 58, 1.
[4]) Vgl. Sitzungsber. 1897, I, S. 272.

bei Durostorum und weiter nördlich bei Troesmis Legionslager errichtet worden waren [1]), und die Zeit der ersten Inanspruchnahme dieser Gebiete durch Rom erst recht weit zurücklag, fehlte in traianischer Zeit jeder Anlass zu einem Baue wie das Tropaion. An der Grenze Daciens hätte Traian ein solches errichten können, wenn es überhaupt noch in der Richtung seiner Epoche gelegen hätte, derartige Bauten zu unternehmen; allein man verwandte damals Kraft und Geld in den Provinzen für Nützlicheres und Nötigeres. Die Zeit der prunkvollen Riesentropäen an den Grenzen neu eroberter Länder war damals vorbei; sie schloss schon mit Augustus Epoche ab.

Auch die Analogieen zu der Bauform des Tropaions von Adamklissi, insbesondere zu dem mächtigen kreisrunden unteren Teile, die Caecilia Metella, das Grabmal der Plautier bei Tibur [2]), gehören der augusteischen Epoche an, und aus späterer Zeit sind uns keine bekannt.

Wir kommen zu dem vierten Punkte: die Ueberlieferung von dem Feldzuge des M. Licinius Crassus von 29/28 v. Chr. bietet eine nach allen Seiten hin vollständig befriedigende Erklärung des erhaltenen Tropaions.

Man hat gegen diese meine These neuerdings vor allem eingewendet, dass sie den historischen Verhältnissen nicht entspreche, indem der Bau des Tropaions nur möglich gewesen sei unter dem Schutze ständiger Legionslager; weil nach dem Feldzuge des Crassus keine Legionslager in jenen Gegenden errichtet wurden und Crassus vielmehr nach Beendigung des Krieges in seine Provinz Makedonien zurückzog, sei der Bau des Tropaions damals nicht denkbar; derselbe sei vielmehr nur verständlich im Zusammenhange mit gleichzeitiger Gründung der Stadt Tropaeum. [3])

Dies Räsonnement wird nun freilich schon durch die Thatsache widerlegt, dass, wie wir sahen, der Bau der Stadt von dem des Tropaions technisch gänzlich verschieden ist und anderer Epoche angehören muss.

Ferner ist die Behauptung, der Bau habe „auch bei einem Massenaufgebot von Händen Jahre für die Vollendung" gefordert, stark übertrieben. Der Bau zeigt, dass er ganz in einem Zuge von unten bis oben ausgeführt worden ist. Es konnten aber bei richtiger Teilung der Arbeit gleichzeitig sehr viele Arbeiter daran beschäftigt sein. Nach mir von fachmännischer Seite freundlichst mitgeteilter Berechnung konnte danach der Bau leicht in etwa sechs Monaten hergestellt werden.

---

[1]) Jahresh. d. öst. Inst. I, Beibl. S. 191.

[2]) Sitzgsber. 1897, I, S. 272.

[3]) Vgl. auch von Wilamowitz in Deutsche Literaturzeitung 1899, S. 697.

Die Meinung, der Bau bedürfe zur Erklärung der Nähe ständiger Legions-lager und setze bereits eine dauernde römische Occupation, eine fertige römi-sche Besiedelung des Landes voraus, ist gänzlich irrig und wird sofort durch die oben angeführten analogen Tropäenbauten widerlegt. Auch diese ent-standen ja, bevor die römische Besiedelung der betreffenden neuerworbenen Gebiete zur Ausführung kam. Ob diese sofort nachher, ob sie erst nach langer Zwischenzeit, ob sie gar nicht stattfand, bleibt für den Bau und seine Intentionen gleichgültig. Die Gebiete vom Rhein zur Weser und Elbe, deren Occupation die Tropäen von Drusus und Germanicus verkündeten, wurden bald aufgegeben und niemals besiedelt. Der Sinn der monumentalen Tropäen ist ja aber gerade, in dem frisch erworbenen, noch unbesetzten Lande, das von dem Heere zunächst wieder verlassen werden muss, das aber als occupiert gilt, ein möglichst solides Denkmal zu hinterlassen. Es ist dabei völlig gleich-gültig, ob die Occupation dann auch eine dauernde wurde und zur Besiedelung führte, oder nicht. Die Intention der Occupation war jedenfalls da und zu-gleich die Intention, die Feinde durch das Siegesmal abzuschrecken, ein Zeichen der römischen Macht, der römischen Herrschaft zu errichten, welcher das Land in der Folge gehorchen sollte. Was unsere Flaggenhissungen in occu-piertem, aber wieder verlassenem, fernstem Lande sagen wollen, das sprechen in monumentaler gewaltiger Weise jene römischen Tropäen aus.

Jener falschen These gegenüber ist das Gegenteil vielmehr richtig: das Tropaion von Adamklissi verlangt nicht nur nicht zu seiner Erklärung die gleichzeitige Existenz der benachbarten Legionslager, sondern es schliesst sie aus. Wenn man in einem Grenzgebiete schon zu ständigen Niederlassungen gekommen war, wenn gar schon Legionen dahin verlegt waren, so waren diese eben die Wahrzeichen der römischen Herrschaft und ein monumentales Tropaion war dann gänzlich unnütz. Wenn man aber sich wieder zurückziehen musste, dann eben lag die Veranlassung vor, ein Zeichen, und zwar ein mög-lichst unverwüstliches, von dem Siege über die Feinde und von der neuen Herrschaft zu hinterlassen, welcher das Land nunmehr unterthan sein sollte.

In dieser Lage war M. Licinius Crassus, als er von seiner Provinz Make-donien zunächst nach Norden, dann, der Donau folgend, nach Osten gezogen war, und alle feindlichen Stämme unterworfen hatte. Er musste natürlich in seine Provinz Makedonien zurück, und an eine dauernde römische Besetzung des ungeheueren, siegreich durchzogenen Gebietes konnte er gar nicht denken. Aber ein Zeichen von Roms Sieg und Roms Herrschaft an der fernsten Grenze hinterlassen, das konnte er; und ich erkenne dieses Zeichen im Tropaion von Adamklissi. So lange der Bau dauerte, wird er in jenen Gegenden verweilt haben, wo er so vieles zu regeln und zu ordnen hatte. Er übertrug den einheimischen Fürsten als römischen Vasallen die Obhut der neu gewonnenen Donaugrenze. Er hatte zuletzt noch einige kleine Stämme, besonders die Artakier, die sich bis dahin nicht unterworfen oder nicht in ein Bundesverhältnis eingetreten waren, zu bekriegen; er besiegte auch sie, so dass alle Völker des rechten Donauufers die römische Herrschaft anerkannten. Da er im Winter 29/28 aus dem Winterlager aufgebrochen war und dann offenbar rasch nach Osten gegen die Donaumündung zog, so war in dem Jahre 28 offenbar Zeit genug geboten, den Tropaionbau auszuführen.

Die Feldzüge des Crassus hatten einen ungeheueren Erfolg. Alle kriegerischen Völkerschaften in den weiten Gebieten vom Hämus bis zur Donau wurden unterworfen oder in Clientelstaaten verwandelt. Die untere Donau wurde nunmehr Grenzstrom des römischen Reiches. Ob der „Plan, alles Land bis zur Donau unterthänig zu machen", von vornherein feststand (wie Zippel, die römische Herrschaft in Illyrien bis auf Augustus S. 242 annimmt) oder erst im Verlaufe der Ereignisse sich ergab, ist dabei ohne Belang; genug, dass er zur Thatsache wurde und Crassus sich sagen durfte, die römische Herrschaft um ein ungeheueres Gebiet erweitert zu haben. Besonders musste es ihn mit Stolz erfüllen, das gefürchteste Volk der Donaugegenden, das seit langem ein mächtiger Faktor in der Geschichte der makedonisch-thrakischen Länder war, das germanische Volk der Bastarner und ferner die rauhen Geten gründlich geschlagen zu haben. In der That war damit das rechte Donaufer „vollständig der römischen Herrschaft unterworfen" (Mommsen, röm. Gesch. V, 13; vgl. Sitzgsber. 1897, I, S. 269).

Man hat sich neuerdings, in dem Bestreben dadurch meine These weniger wahrscheinlich erscheinen zu lassen, bemüht, die Bedeutung der Feldzüge des Crassus recht herabzusetzen und nur als eine unbedeutende Episode hinzustellen, die höchstens „die Interessensphäre" des römischen Reiches etwas erweitert hätte (Oesterr. Jahresh. I, 132 ff.). Allein ich brauche von dieser tendenziös befangenen Darstellung nur an die unbefangenen früheren von Mommsen und Zippel zu appellieren. Mit dem, modernen Verhältnissen entlehnten, Ausdrucke Erweiterung der „Interessensphäre" will man jetzt andeuten, dass so etwas doch nicht Anlass zur Errichtung eines Tropaions hätte sein können. Allein dies ist Entstellung der Geschichte. Crassus ist ganz einfach ein siegreicher Eroberer, der die gefürchtetsten der barbarischen Gegner Roms niedergeworfen hatte, bei dem daher nichts natürlicher und verständlicher ist als dass er im Vollgefühl seiner Kraft und seines Sieges am Endziele des Feldzuges ein monumentales Andenken zu hinterlassen bemüht war, eben weil er mit dem Heere wieder zurück in seine ferne Provinz sich begeben musste.

Das Tropaion ist selbstverständlich einerseits aus dem subjektiven Wollen dessen, der es errichtet hat, andererseits aus den objektiven Machtmitteln zu erklären, die diesem im gegebenen Momente zu Gebote standen. Von keiner dieser Seiten kann das geringste Bedenken gegen Crassus als den Erbauer bestehen. Gänzlich gleichgültig ist es dabei natürlich, wie sich später, nachdem Crassus mit seinem Heere nach Makedonien zurückgekehrt war, die Verhältnisse gestalteten. Wir wissen, dass zwar die schlimmsten Gegner, die Bastarner, sich später nicht mehr regten, dass aber sonst unter den von Crassus unterworfenen oder in Clientelstaaten verwandelten Völkerschaften bald nach seinem Abzuge wieder Unruhe und Unbotmässigkeit genug eintrat, welche die Nachfolger des Crassus mehrmals zum Einschreiten nötigten. Und wir wissen aus den circa vierzig Jahre nach Crassus Abzug entstandenen Klageliedern des nach Tomis verbannten Ovid, dass damals ständige Unruhen durch die Barbaren herrschten, welche die Griechenstädte immerzu mit Raub bedrohten. Allein diese späteren Zustände sind natürlich vollständig gleichgültig für die Frage, ob Crassus nach Wollen und Können im Jahre 28 v. Chr. in der Lage war, das Tropaion zu errichten.

Kaum einer Entgegnung bedarf es, wenn man gemeint hat, zwar nicht als Argument, doch als Bestätigung, dass das Tropaion nicht von Crassus herrühre, anführen zu können, dass es bei Ovid nicht erwähnt wird (Oesterr. Jahresh. I, 136). Es ist zu deutlich, wie eine Erwähnung jenes römischen Siegesmales so ganz und gar nicht in den Zusammenhang und Stil jener ovidischen Jeremiaden herein sich fügen würde. Und der weichliche, gebrochene, jammernde Mann ist gewiss nie aus den Mauern der Stadt herausgekommen, aus denen man sich, wie er selbst sagt, nicht ohne Gefahr entfernen konnte; er hatte sicherlich auch nicht die Spur von Interesse für etwaige alte Denkmäler im barbarischen Hinterlande. Erwähnt er doch auch aus seiner nächsten Umgebung nur Allgemeinheiten, die in den immer gleichen Ton seiner Klagen stimmten.

Die monumentalen römischen Tropäen, welche dem von Adamklissi analog sind, hatten alle grosse Inschriften, welche die Veranlassung und den Errichter genau angaben. Auf diese Inschrift und die Details ihrer Fassung wurde, wie unsere Ueberlieferung deutlich erkennen lässt, ein grosses Gewicht gelegt. Die Fassung der Inschrift pflegt bei Erwähnung dieser Tropäen ausdrücklich hervorgehoben zu werden. So bei den Tropäen des Sulla in Böotien; so bei dem Tropaion des Pompeius in den Pyrenäen, wo hervorgehoben wird, dass er den Namen des Sertorius verschwieg, aber sich rühmte 876 Städte von den Alpen bis an das Ende Spaniens unterworfen zu haben; so bei den Tropaea Augusti, wo alle die Alpenvölker aufgezählt waren, welche durch Augustus dem römischen Reiche einverleibt worden waren; so bei dem Tropaion des Germanicus, dessen Inschrift Tacitus (Ann. 2, 22) anführt.

Diesem Brauche entsprechend hat der Erbauer des Tropaions von Adamklissi im Baue eine grosse Platte vorgesehen, welche die Inschrift aufnehmen sollte.

Die Thatsache, die wir konstatiert, dass die Inschrift Traians auf dieser Platte nicht mit der Erbauungszeit zusammenfällt, dass also die Platte, obwohl für eine Inschrift bestimmt, doch leer geblieben ist, bis sie Traian occupierte, diese Thatsache findet bei unserer Annahme, dass Crassus das Tropaion errichtete, unschwer ihre Erklärung.

Crassus durfte die Fassung der Inschrift nicht allein bestimmen; er musste warten, welche Fassung von Rom gebilligt wurde. Es ist sehr leicht denkbar, dass darüber, indem man sich nicht gleich einigte, so viel Zeit verfloss, dass Crassus nicht mehr länger warten konnte und den Rückzug nach Makedonien antreten musste, wohl entschlossen, die Inschrift eben später nachtragen zu lassen, wozu es dann bei dem Wandel der Zeiten begreiflicherweise nicht mehr kam.

In Bezug auf die rechtliche Stellung des Crassus scheint eine gewisse Unbestimmtheit geherrscht zu haben.[1]) Diese musste bei der Frage der Fassung der Inschrift notwendig zum Austrage kommen, und deshalb war diese Fassung eben nicht so einfach; sie musste zu Verhandlungen führen, und diese konnten sich leicht hinziehen, so dass Crassus die Inschrift vorerst weglassen musste. Nach Dion 24, 4 wurde es dem Crassus in Rom nicht gestattet, die Waffen des von ihm mit eigener Hand im Kampfe erschlagenen Königs der Bastarner, des Deldon als spolia opima dem Jupiter Feretrius zu weihen, weil er nicht imperator (αὐτοκράτωρ στρατηγός) gewesen sei. Doch hat er den Krieg mit eigenem Imperium geführt; denn er triumphierte nach den Triumphalfasten 27 v. Chr. „ex Thraecia et Geteis". Crassus hat aber auch den Imperatortitel offenbar beansprucht, und eine athenische Inschrift giebt ihm diesen auch wirklich (Dittenberger CIA III, 572). So berichteten auch einige Schriftsteller, wie Dion 25, 2 sagt, dass er den Imperatortitel angenommen habe; Dion freilich behauptet dagegen, dass dies nicht richtig sei

---

[1]) Vgl. Zippel a. a. O. S. 242, v. Premerstein in Oesterr. Jahresh. I, Beibl. S. 154.

und Augustus allein sich den Titel beigelegt habe. [1]) Wir sehen deutlich, dass hier eine Differenz zwischen Augustus und Crassus war; begreiflich im Beginn der Monarchie; Crassus beanspruchte den Imperatortitel, den ihm Augustus der konsequenten monarchischen Idee zufolge nicht gestatten konnte. Es ist offenbar, dass hier ein leicht begreiflicher Grund für das Unterbleiben der Inschrift an dem Tropaion liegt. Vielleicht mag jene Differenz es auch mit veranlasst haben, dass Augustus im Monumentum Ancyranum des Feldzuges des Crassus und seines Sieges über Bastarner und Geten überhaupt gar nicht erwähnt (vgl. Sitzgsber. 1897, I, S. 268).

Nun endlich kommen wir zu der sachlichen Uebereinstimmung, welche zwischen den figürlichen Darstellungen des Tropaions und der bei Dion erhaltenen, wahrscheinlich auf Grund des offiziellen Berichtes des Crassus gearbeiteten Erzählung von dem Feldzuge des Crassus besteht (vgl. Intermezzi S. 64 ff., Sitzgsber. 1897, I, S. 269 ff.). Diese Uebereinstimmung erstreckt sich auf so viele und so charakteristische Züge, dass sie nicht dem Zufall zugeschrieben werden kann. Während die gewaltsame Beziehung der Darstellungen auf die Dakerkriege des Traian zugestandenermassen völligen Schiffbruch gelitten hat (vgl. oben S. 476), bleibt jene Uebereinstimmung mit dem Berichte des Crassus in ihren wesentlichen Punkten eine offenkundige und unanfechtbare Thatsache, und die Einwände, die man erhoben hat, erweisen sich leicht als nichtig.

Wir wollen den ganzen Bau zunächst noch mehr im einzelnen betrachten, soweit mir meine Beobachtungen an Ort und Stelle Anlass geben zu Ergänzungen oder Berichtigungen der vorhandenen Publikation. Als eine Ergänzung zu dieser sind auch die Tafeln III—VII bestimmt, nach photographischen Aufnahmen, die mir Herr Tocilesco gütigst zu nehmen verstattet hat.

Von dem Zustande der Ruine, von der Beschaffenheit des Betonmantels aus Bruchsteinen mit Kalkmörtel (ohne die Spur eines Ziegelbrockens), von der Quaderverkleidung und dem noch wohlerhaltenen Stufenunterbau geben Taf. III, 1, 2; IV, 1 eine deutliche Anschauung.

Nicht bei Niemann erwähnt finde ich, dass auf dem Boden nahe dem Baue Reste eines Plattenpflasters erhalten sind, die darauf deuten, dass der Boden rings um das Monument gepflastert war.

---

[1]) Dion 25, 2 καὶ γὰρ καὶ θυσίαι καὶ νικητήρια οὐχ ὅτι τῷ Καίσαρι μόνον, ἀλλὰ καὶ ἐκείνῳ ἐψηφίσθη· οὐ μέντοι καὶ τὸ τοῦ αὐτοκράτορος ὄνομα, ὥς γέ τινές φασιν, ἔλαβεν, ἀλλ' ὁ Καῖσαρ μόνος αὐτὸ προσέθετο.

Wir wiederholen beistehend die Rekonstruktion des runden Unterbaues des Tropaions von G. Niemann aus dem Werke „Das Monument von Adamklissi" und bemerken zu dem Einzelnen: Von dem Rankenfriese, welcher die Quaderreihe des runden Unterbaues nach oben abschloss, zeigen Taf. III, 3, 4 einige Stücke. Der Bericht Niemanns über diesen Fries ist nicht ganz genau.

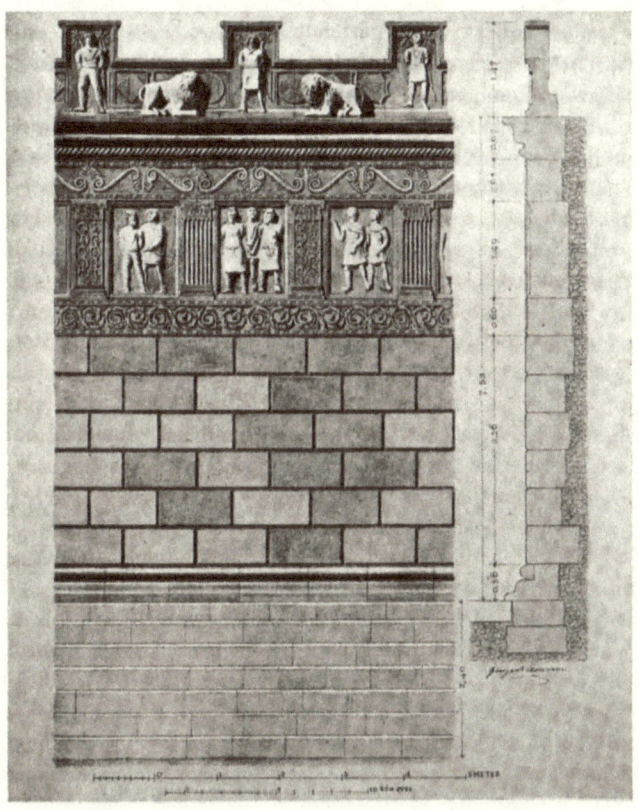

Der runde Unterbau. Rekonstruktion von G. Niemann.

Er erwähnt einen Friesblock, der eine Vase zeige und sagt: „Das Geranke wächst aus derselben nach einer Seite heraus, von der anderen aber gleichsam hinein, denn das Ornament entwickelt sich stetig nach links. Gerade dieser Block ist schlecht gearbeitet." Dies ist nicht richtig. Taf. III, 4 giebt diesen Block wieder. Er ist gerade so scharf und genau gearbeitet wie die anderen;

65*

nur ist er sehr bestossen und schlecht erhalten. Von dem Ornament ferner existieren zwei Typen; bei den einen Blöcken ist die Richtung des Ranken-frieses nach links, wie Niemann angiebt, bei den anderen aber nach rechts. Taf. III, 3 giebt eine schöne Platte des letzteren Typus. Ich habe im Museum in Bukarest acht Platten mit dem Ornament nach links, neun mit dem Orna-ment nach rechts gezählt und von letzterem Typus noch ein Exemplar bei der Ruine selbst notiert. Der geriefelte Becher, zu dessen Seiten je eine Taube steht, hat eine charakteristische, hellenistische Form. Das Motiv der aus einem Becher kommenden Ranken ist indes bis in die späteste Zeit hin-ein gerade in der Provinzialkunst an der Donau beliebt geblieben. Von der Vortrefflichkeit der Ausführung des Frieses giebt das gut erhaltene Stück Taf. III, 3 eine Anschauung. Die Arbeit ist, wie schon oben hervorgehoben ward (S. 468), überaus scharf und sorgfältig. Die Form der Akanthosblatt-elemente mit ihren ganz flach und zart darauf angedeuteten Blattrippen stimmt genau mit den unter Augustus herrschenden Typen (vgl. die Ara Pacis); nur ist die Ausführung hier trockener und härter als an den stadt-römischen Marmorarbeiten. Auch die Art der Unterarbeitung der Blattteile zeigt das gleiche Prinzip wie die augusteischen Denkmäler. Auf den Ranken jeder Platte sind regelmässig vier oder fünf kleine Vögel in anmutiger Weise verteilt; diese Vögelchen sind überraschend natürlich gebildet; ihr Gefieder ist mit flachen scharfen Strichen angedeutet. Die dekorativen Wolfs- oder Hundeköpfe sind ebenfalls sehr lebendig. Sie sind ohne Zweifel gewählt mit Beziehung auf Mars als den Gott des Krieges.

Von gleicher Art und Arbeit sind die Ranken und der Akanthus auf dem Panzer des Tropaions.

An den auf dem Friese aufstehenden Pilastern sind sowohl die Ranken, die an einem Teile statt der Cannelüren erscheinen, als die Palmettenblätter der Capitelle absichtlich sehr flach gehalten; auch die Basen dieser Pilaster laden nur nach den Seiten aus, nicht nach vorn (vgl. Niemann, Adamkl. S. 19). Indem der Rahmen zu den figürlichen Reliefplatten, den sogenannten Metopen, so flach gehalten war, wirkten diese um so kräftiger. Die Ranken und Pal-metten der Pilaster sind ebenfalls sehr scharf gearbeitet; die Blätter haben immer eine vertiefte Mittelrinne. Pilaster mit Ranken an Stelle der Canne-lüren befinden sich im Bukarester Museum fünf, an der Ruinenstätte aber noch mehrere. An zweien bemerkte ich Mohnköpfe als Endigung der Ranken.

Von vortrefflicher Arbeit ist auch der über den Pilastern und sogenannten Metopen liegende Architrav mit den strickartig geflochtenen Voluten. Taf. VI, 3 zeigt Proben davon. Die Palmettenblätter sind wieder sehr scharf und tief

unterschnitten gearbeitet; ihre Form entspricht dem Geschmacke späterer hellenistischer Epoche. An zwei Blöcken im Bukarester Museum und mehreren
an der Ruinenstätte ist die Palmettenbildung etwas abweichend, mit vertiefter
Mittelrippe jeden Blattes. Das ganze Ornament ist originell und für seinen
Zweck gut erfunden; die strickartigen Voluten haben einen kraftvollen Charakter, und doch bildet das Ornament eine leichte Bekrönung der figürlichen
Platten mit ihrem Pilasterrahmen.

Dieser kraftvolle Ton klingt weiter in dem Gesimse darüber mit seinem
wieder strickförmig gewundenen Wulste (ein Block links vorne auf Taf. IV, 1).
Die Bekrönung mit den Zinnen ist ganz schlicht und von monumentalem
Ernst; jedes vegetabilische Ornament ist hier vermieden; statt dessen erscheinen
flach gehaltene Verzierungen geometrischer Art. Doch belebt wird der Zinnen-
kranz durch die Gestalten der gefesselten Barbaren, die sich von Bäumen
abheben und durch die Wasserspeier in Gestalt von Löwen.

Es folgt das schuppenförmige Dach und dann der sechseckige Thurm,
welchen der Architrav mit den Schilden krönt, und endlich das gewaltige
Tropaion. Das Ganze ist mit solch feinem künstlerischen Takte entworfen
und in allen Teilen mit solch bewundernswerter Sicherheit auf eine gewollte
Wirkung gestimmt, dass wir als Schöpfer desselben einen nicht unbedeutenden
Künstler voraussetzen dürfen. Die ausführenden Kräfte, die ihm zur Verfügung
standen, waren für das Ornamentale besser zu brauchen als für das Figürliche,
das gar hart und ungeschickt ausfiel. Doch tritt diese Unvollkommenheit als
relativ unwesentlich zurück, wenn wir den künstlerischen Wert des Ganzen
ins Auge fassen.

Zu den Abbildungen und Beschreibungen der einzelnen „Metopen"tafeln
in dem Adamklissi-Werke gebe ich zunächst einige Nachträge.

Zu Metope 2: Das rechte Bein des Reiters ist nicht „nackt", sondern man
erkennt zwei flache Rillen auf dem Unterschenkel ebenso wie bei Metope 1.
Die Haare an Metope 2 sind besonders gut gearbeitet und erhalten: parallele,
schmale, scharfe Furchen von der Stirne aus über den ganzen Kopf nach
hinten gezogen.

Zu Metope 5: Der Schlitz auf der Brust des getöteten Barbaren scheint
eher die Wunde als eine geschlitzte Jacke anzudeuten. Die beiden Barbaren,
deren Köpfe erhalten sind, tragen nicht „kurzgeschorenes Haar", sondern, wie
sich aus Vergleichung der ganzen Figurenserie ergiebt, eine kleine runde
anliegende Kappe.

Zu Metope 6: Der Barbar hat dieselbe Kappe wie die vorigen. Am
Reiter (den Benndorf Kaiser Traian nennt) sind Reste des hier recht grob

gebildeten parallelen Furchenhaares erhalten. Dass der Reiter nur ein gewöhn-
licher Reiteroberst, aber nicht der Feldherr sein kann, geht, wie ich schon
Intermezzi S. 64, Anm. 2 bemerkt habe, aus dem Schuppenpanzer hervor, den
er trägt. Das angebliche statuarische Postament unter den Hinterbeinen des
Rosses ist nichts als ein hier einmal zufällig stehengelassenes, nicht ausge-
tieftes Stück Reliefgrund, das als Bodenlinie für die Hinterbeine des Rosses
dient. Die Figuren pflegen sonst ohne Bodenlinien dargestellt zu sein. Das
Studium der Originale gab mir die Ueberzeugung, dass der Künstler nicht,
wie ich früher (Intermezzi S. 64) vermutete, den Uferrand darstellen wollte,
sondern eine besondere Lokalandeutung überhaupt gar nicht beabsichtigte.
Gedankenlos und widersinnig aber war die Annahme Benndorfs (die noch
Oesterr. Jahresh. I, S. 133 f. wiederholt wird), es sei hier „vollkommen deutlich" eine statuarische Gruppe, der Kaiser über einen Barbaren reitend, dargestellt; denn wenn das Stück Grundlinie unter den Hinterbeinen des Rosses
ein statuarisches Postament darstellen soll, so liegt also der Barbar ausserhalb
des Postamentes in der Luft?!

Zu Metope 9 (= Taf. XII, 1): Der bittende kniende Mann in dem gegürteten Aermelrock ist unbärtig und hat einfaches Furchenhaar. Der bärtige
Lenker des Wagens trägt die runde Kappe.

Zu Metope 16: Der gefallene Barbar mit dem Sichelschwert trägt die
runde Kappe.

Zu Metope 17: Der stehende Barbar trägt die runde Kappe. An allen
drei Figuren ist vom Steinmetzen versäumt, die Lidränder der Augen anzugeben.

Zu Metope 18: Der Barbar trägt die Kappe.

Zu Metope 19: Der Barbar trägt die Kappe. Die über die Brust lau-
fenden Rillen sind nicht „eine zufällige Verwitterung", sondern deuten offenbar einen Riemen an.

Zu Metope 20: Die Armschiene des Legionars reicht bis zur Mitte der
Hand. Am linken Beine ist das Ende einer Kniehose angedeutet; von einer
Beinschiene ist aber nichts zu sehen. Der kniende Barbar trägt die glatte
Kappe; der liegende hat den Haarknoten auf der rechten Kopfseite; das
Haar ist durch parallele Linien angegeben.

Zu Metope 21: Der Barbar war bärtig.

Zu Metope 22: Der Barbar mit dem Sichelschwerte hat die glatte runde
Kappe; am Gefallenen ist durch parallele Linien von der linken nach der
rechten Seite hinübergestrichenes Haar angedeutet; an der rechten Seite ist der
Haarknoten zu denken, der durch das Bein der anderen Figur verdeckt wird.

Zu Metope 23: Der hinsinkende Barbar mit dem Sichelschwert hat die runde Kappe; der zweite Barbar hat den Haarknoten an der rechten Seite; der dritte in dem gegürteten Aermelrock hat nach beiden Seiten abstehendes Haar.

Zu Metope 24: Der am Boden sitzende hat nach beiden Seiten abstehendes Haar; der abgeschnittene Kopf links scheint Haarknoten zu haben.

Zu Metope 26: Die Behauptung: „die Haltung der nach rechts emporgerichteten Köpfe zeigt die Nähe des Kaisers an" ist reine Phantasie. Der Kopf des mittleren Soldaten ist ganz gerade nach vorne gerichtet, die beiden anderen haben den Kopf ein klein wenig nach rechts gewandt. Der Mann links hat ungewöhnlicherweise krauses, durch runde Buckeln wiedergegebenes Haar.

Zu Metope 27: Vgl. die Berichtigung von Benndorf in Oesterr. Jahresh. I, S. 129 Anm., wo schon gesagt ist, dass die grössere Figur rechts, nicht die links, den Stab hält. Der erhaltene Kopf links zeigt das gewöhnliche grobe Furchenhaar.

Zu Metope 29: Der Barbar trägt eine aus horizontalen wulstigen Streifen bestehende Mütze. Der „in die Höhe gerichtete Blick" des Legionars, der wieder „die Nähe des Kaisers" verraten soll, ist wieder nur Phantasie.

Zu Metope 31: Der gefallene Barbar hat Furchenhaar, nicht Kappe. Ein Haarknoten ist nicht mehr zu erkennen; doch wäre es möglich, dass ein solcher angedeutet gewesen wäre.

Zu Metope 32: Das Haar des Feldherrn ist das gewöhnliche grobgearbeitete Furchenhaar; die Stirne ist abgeschlagen. Der Stab in der Linken ist eine Lanze; der Knopf am Schwertgriff ist ein Adlerkopf.

Zu Metope 33: Der Barbar trägt die Kappe.

Zu Metope 34: Die beiden Barbaren mit den Sichelschwertern haben die Kappe. Am rechten Bein des fliehenden Barbaren sind Falten angegeben, am linken nicht.

Zu Metope 35: Der Barbar mit dem Sichelschwert hat die Kappe; sein Kopf ist besonders roh ausgeführt; er ist nicht unbärtig; es ist nur unterlassen, Haarlinien auf dem glatten Barte anzugeben. Das bittende Weib scheint auch eine Mütze zu tragen.

Zu Metope 36: Die drei Barbaren tragen die Kappe.

Zu Metope 38: Die vier Köpfe haben alle das gleiche Furchenhaar und sind recht grob.

Zu Metope 39: Der obere Teil dieser Platte ist auf unserer Taf. VII, 1 grösser wiedergegeben. Das Haar des Mannes rechts zeigt den gewöhnlichen groben Typus; das der grösseren Figur links ist sorgfältiger, mit schmäleren Furchenlinien gearbeitet; über der Stirnmitte teilen sich die Haare ein wenig. Offenbar ist durch diese sorgfältigere Behandlung die Hauptperson, der Feldherr, ausgezeichnet worden. Der Verfertiger des Reliefs ist aber nicht die Spur „geübter als seine Genossen", sondern er wendet hier nur etwas mehr Sorgfalt an. Nach Benndorf (Oesterr. Jahresh. I, S. 129) tritt hier „die Absicht einer Porträtbildung heraus", und zwar glaubt er Traian zu erkennen. Ich sehe nichts als das Bestreben, den Kopf auszuzeichnen durch sorgfältige Angabe des Haares, das aber denselben Typus zeigt wie an allen anderen Römerköpfen, d. h. es ist schlicht und in die Stirne gekämmt. Benndorfs Phantasie freilich sieht viel mehr; er sieht, dass der Haarwuchs vorne voll, „am Hinterkopfe aber schwach ist und gegen die Gewohnheit . . von rückwärts schräg nach dem Ohre hin in die Höhe gekämmt ist"; dieser Unterschied gemahne an falsches Haar, und Traian habe vielleicht eine Perrücke getragen (Oesterr. Jahresh. I, S. 130)! — Es genügt, diese grossartige Entdeckung angeführt zu haben und dann auf unsere Tafel zu verweisen. Nicht einmal die Beobachtung ist richtig. Das Haar ist nicht einmal „schräg nach dem Ohre hin in die Höhe gekämmt"; die Spitzen gehen nach unten; jenes trifft eher zu bei dem einen unteren Kopfe unserer Taf. VII, 2; hier gehen die Linien nach dem Ohre hinauf; auch hier ist das Haar vorne voller, hinten ganz flach angegeben; also trägt auch dieser das Pilum schulternde Soldat eine Perrücke und ist auch er ein verkappter Traian?

Zu Metope 41: Die Soldaten haben Kniehosen. Der mittlere hat das Buckelhaar wie der eine Standartenträger der Metope 26.

Zu Metope 43: Die Oberfläche der Platte ist relativ gut erhalten. Ihr oberer Teil ist grösser abgebildet auf unserer Taf. VII, 2. Die Schärfe der ursprünglichen Arbeit ist hier deutlich erhalten, z. B. an den überaus scharfkantig geschnittenen Mundrändern. Der Typus der vier Köpfe ist der gleiche wie bei allen Römerköpfen des Denkmals.

Zu Metope 44: Der Kopf des Mannes rechts ist grösser abgebildet in Oesterr. Jahresh. Bd. I, S. 129, Fig. 40. Es besteht hier derselbe Unterschied zwischen den Köpfen der beiden Männer wie auf Metope 39: der rechts ist ausgezeichnet durch grössere Sorgfalt in der Wiedergabe des Haares, das mit schmäleren feineren Furchenlinien gegeben und in der Mitte über der Stirne ein wenig getrennt ist. Ueber die Phantasie, hier ein Porträt Traians zu sehen, ist gerade nach der von Benndorf gegebenen grösseren Abbildung kein Wort mehr zu verlieren. — Und bei Benndorf ist dieses angebliche Porträt Traians eine der Hauptstützen für seine Zeitbestimmung des ganzen Baues! —

gewiss eine solide Stütze! — Das Motiv dieser Platte ist übrigens schwerlich das einer Adlocutio; der Feldherr scheint vielmehr in erregter Erwartung; er ist im Vorschreiten begriffen und lebhaft bewegt. — Sein Schwert ist nicht die Spur grösser als das seines Begleiters (auch an Metope 39 sind die Schwerter gleich lang).

Zu Metope 45: Die Behauptung: „der Blick aller Figuren ist zum Kaiser emporgerichtet" ist wieder reine Phantasie; sie blicken alle geradeaus.

Zu Metope 46: Der obere Teil auf unserer Taf. VII, 3. Die beiden Barbaren tragen Mützen. Der Barbar links hat emporgezogene Brauen und horizontale Stirnfalten; der rechts hat zusammengezogene Brauen und vertikale Stirnfalten am Nasenansatz. An den Augen sind nicht „Pupillen" angegeben, sondern die Iris ist durch eine flache Kreislinie angedeutet, was an mehreren Köpfen zu erkennen ist (vgl. Taf. VII, 2).

Zu Metope 47: An dem Römerkopfe trennen sich über der Stirnmitte die Haare ein wenig, ähnlich, nur weniger sorgfältig wie bei dem Feldherrn.

Zu Metope 48: Die Barbarenfrau trägt ein Kopftuch; darunter kommt das Haar heraus.

Zu Metope 49: An beiden Frauen ist weiblicher Busen angedeutet, besonders deutlich an der linken. Das Haar des Knäbchens ist in geraden Furchen gebildet; das Kind hat volle Backen.

Metope 50, die in die Donau gefallen war, ist jetzt wiedergefunden und im Museum zu Bukarest aufgestellt. Das Relief ist kaum kenntlich. Es sind zwei (nicht ein) Tubabläser nach rechts dargestellt, denen ein Soldat mit vorgehaltenem Schild und gezücktem Schwert vorangeht. Alle drei Krieger tragen den Kettenpanzer. Es handelt sich natürlich um Schlachtmusik beim Angriff, nicht um Opfermusik.

Auch zu der Beschreibung der gefangenen Barbaren an den Zinnen (Adamklissi S. 94 ff.) sind einige Nachträge und Berichtigungen zu machen. Zunächst zu der ersten Gruppe (Nr. 1—6) der germanischen Barbaren mit dem Haarknoten über der rechten Schläfe.

Zu Zinne 1. Wir geben den Oberteil dieses besonders interessanten und auch gut gearbeiteten Stückes hier auf Taf. VI, 1. Die Palmblätter sind tief unterschnitten und gearbeitet wie die Akanthosranken an dem Fries. Der Kopf ist sehr ausdrucksvoll. Der Blick ist mit schmerzlichem Pathos in die Ferne gerichtet. Die Brauen sind in die Höhe und nach der Nase stark zusammengezogen. Man sieht hier wie an anderen besseren Stellen der Bildwerke (vgl. oben zu Metope 46), dass die Verfertiger nicht ganz unbekannt waren mit den Ausdrucksmitteln hellenistischer Kunst. — Das Schuhwerk am Fusse ist sicher.

Zu Zinne 2: Hier zum ersten Male abgebildet auf Taf. VI, 2 links. Dazu der Oberteil grösser auf Taf. V, 2. Ein kräftiger, unbärtiger, junger Germane in trotziger Stellung mit zornigem Ausdruck im Gesichte. Auch hier sind die Brauen über der Nase stark zusammengezogen.

Zu Zinne 3: Der zusammengedrehte Haarknoten ist hier besonders deutlich erhalten.

Zu Zinne 5: Die Brust ist nicht nackt; vielmehr ist auch hier der vorne bis zwischen den Beinen herabhängende spitze Kragen deutlich zu erkennen.

Zu Zinne 6: Hier zum ersten Male abgebildet auf Taf. VI, 2 rechts. Dieser Barbar gehört nicht zu der ersten Gruppe derer mit dem Haarwulste; denn sein Kopf ist von der glatten runden Mütze bedeckt; an der rechten Seite ist der Kopf zwar fragmentiert, doch würde eine Spur des Haarknotens da sein müssen; indes kommt der letztere niemals zusammen mit der Mütze vor. Ein weiterer Unterschied von den Repräsentanten des ersten Typus ist, dass er des Kragens entbehrt, den jene alle tragen. Ferner ist der Bart kürzer als bei jenen.

Zu der „zweiten Gruppe" (Nr. 7—12), den Männern im Kaftan:

Zu Zinne 11: Nicht „Eichbüschel", sondern Platane. Das Haar ganz wie bei den übrigen dieser Gruppe.

Zu der „dritten Gruppe" (Nr. 13—25), den Männern im Kittel:

Zu Zinne 13: Der Mann trägt die glatte runde Kappe; er ist unbärtig. Auf der Brust Falten, nicht Band.

Zu Zinne 14: Auch dieser trägt die glatte Kappe. Er ist ein junger unbärtiger Mann mit vollen Backen, durchaus nicht „alt", und von einer „Wassersuppe am gerunzelten Hals" ist nicht die Spur zu entdecken.

Zu Zinne 15: Der unbärtige Mann hat das nach den Seiten abstehende Haar. Die Hose an beiden Beinen deutlich.

Zu Zinne 16: Der Mann hat die Kappe und trägt Spitzbart. Die scharfe Unterarbeitung am Rande der Kappe (nicht des „Haaransatzes") ist nicht „durch Verwitterung verschärft", sondern ursprünglich. Solche scharfen Unterarbeitungen gehören zum Charakter der Arbeit durchweg.

Zu Zinne 17: Aus kleinen Resten des Kopfes geht hervor, dass das Haar nach beiden Seiten abstand.

Zu Zinne 18: Scheint das abstehende Haar gehabt zu haben.

Zu Zinne 19: Hier zum ersten Male abgebildet auf Taf. IV, 3. Der Mann trägt die Kappe und Spitzbart. Die Gesichtszüge sind, wie auch die Abbildung zeigt, weder „gemein" noch „fett".

Zu Zinne 20: Hier zum ersten Male abgebildet auf Taf. VI, 2 in der Mitte. Das Haar nach beiden Seiten abstehend.

Zu Zinne 21: Der Mann hatte die runde Kappe.

Zu Zinne 22: Das Haar ist hier kaum abstehend gewesen. Der Mann ist sicher unbärtig.

Nicht in der Publikation beschrieben, jetzt im Museum von Bukarest vorhanden sind:

a) Eine vollständiges Stück; die Figur in den Hüften gebrochen; zu beiden Seiten Ansatz je eines Quadrates. Kein Baumstamm, oben zwei Zweige. Das Haar nach den Seiten abstehend. Kittel mit Gurt. Wahrscheinlich einst Spitzbart.

b) Ein sehr gutes vollständiges Stück, quer durch nach rechts oben gebrochen. Hier zum ersten Male abgebildet Taf. IV, 2 und der Kopf besonders auf Taf. V, 1. Kittel mit Gurt; nach den Seiten abstehendes Haar. Hinten Eiche.

Es ergiebt sich aus dem Vorstehenden, dass an den Zinnen nicht drei, sondern vier Barbarentypen zu unterscheiden sind, und zwar:

I. Der germanische Stamm mit dem Haarknoten und dem Kragen auf der Brust (Zinne 1—5).

II. Die Männer mit der glatten Kappe; diese tragen gewöhnlich den Kittel mit Gurt (Zinne 13, 14, 16, 19); einmal jedoch ist der Oberkörper nackt (Zinne 6).

III. Die Männer mit dem abstehenden Haar und dem kurzen Kittel mit Gurt (Zinne 15, 17, 18, 20; wohl auch 22).

IV. Die Männer mit demselben abstehenden Haare, doch mit dem Kaftan (Zinne 7—12).

Alle vier Typen sind in ungefähr gleicher Zahl vertreten.

Wenn wir von den Barbarentypen der Zinnen auf die der sogenannten Metopen blicken, so treten hier, wo es sich meist um Kampfesbilder handelt, die Waffen als weiteres Charakteristikum hinzu, und zu bedenken ist, dass der Umstand des Kampfes auch die Tracht zum Teil verändert erscheinen lassen wird. So ist es natürlich, dass Typus IV hier fast gar nicht nachweisbar ist, indem der Kaftan ein für den Kampf ganz ungeeignetes Gewand ist. Nur der einzige berittene Barbar, Metope 30, trägt den vorn geschlitzten Kaftan (bei Metope 5 ist, wie oben bemerkt, wahrscheinlich eine Wunde, nicht ein

66*

41

(Cichorius Bd. III, S. 144 zu Bild C; S. 190 zu Bild CVIII; S. 381 zu Bild CL; Cichorius erkennt hier Bastarner als Andeutung der Alpes Bastarnicae). Es scheinen sonach bei jenem Volke beide Kopftrachten im Gebrauch gewesen zu sein, und der Mann auf Metope 29 wird, wie schon sein Kragen schliessen lässt, zu Typus I zu rechnen sein. Wahrscheinlich hierher gehörig wegen des Schildes und Kopfumrisses ist Metope 4, vielleicht auch Metope 7.

Nicht bestimmt zugeteilt werden können die nackten Leichen (Metope 24, 31, 34). Der Tote auf Metope 31 wird wahrscheinlich zu Typus I zu rechnen sein; dafür spricht der ovale Schild, der hinter ihm liegt. Vereinzelt ist der nackte Kämpfer mit dem Bogen Metope 31.

Wenn wir die gemachten Beobachtungen nun zur Erklärung der Bildwerke benutzen, so ergiebt sich, dass sie noch viel besser mit dem Berichte des Dion über Crassus' Feldzüge harmonieren, als ich dies früher erkannt hatte. Durch die für die Einzelheiten unzulängliche Publikation veranlasst, hatte ich nur drei Barbarentypen unterschieden; Typus I und II wurden fälschlich vermischt und als einer angesehen und dieser Bastarner genannt. Da nun Typus II in den Kampfdarstellungen weitaus am meisten erscheint, ergab sich die Konsequenz, an der man mit Recht Anstoss genommen hat, dass das Tropaion, errichtet zunächst nach dem Siege über die Geten und in deren Lande, doch fast nur auf die Bastarner Bezug genommen hätte.

Jetzt erkennen wir vier Typen von Barbaren; und in vollster Uebereinstimmung damit nennt Dion in seiner, wie er ausdrücklich hervorhebt, gerade auch in den Namen der Völkerschaften korrekten und auf den alten Berichten beruhenden Erzählung v i e r Völkerschaften, gegen die Crassus gekämpft: M y s e r , B a s t a r n e r , T h r a k e r und G e t e n.

Es kann kein Zweifel sein, dass unser Typus I ein germanischer ist. Dies beweist die so charakteristische Bildung der Köpfe ebenso wie die durch Tacitus als germanisch bezeugte Haartracht. Die einzige germanische Völkerschaft in jenen Gegenden sind aber die B a s t a r n e r. Diese muss Typus I darstellen. Typus II aber sind offenbar die G e t e n. Zur Ueberlieferung über sie passen alle Züge, welche Typus II bietet. Vor allem aber ist es in voller Uebereinstimmung mit der örtlichen Lage des Tropaions im Getenlande und mit seiner Errichtung am Ende des Feldzuges nach Besiegung der Geten, dass eben Typus II in den Kampfdarstellungen am meisten berücksichtigt ist. Die Geten waren der Ueberlieferung nach den Dakern nahe verwandt. Von den glatten runden, wohl aus Filz zu denkenden Mützen unseres Typus II sind die faltigen Piloi der Daker zwar verschieden, allein des Wesentliche, das Mützentragen, ist doch beiden eigen; bei den Dakern war es auf die

Vornehmen beschränkt. Die riesigen Sichelschwerter, welche die Männer des Typus II mit beiden Händen zu regieren pflegen, sind zwar von den kleinen Sichelmessern sehr verschieden, welche bei den Dakern der Traianssäule vorkommen (Cichorius Bild LXX, Bd. III, S. 116 ff.; Bild CXLV, Bd. III, S. 355 ff.); allein es ist doch eine Waffe analoger Art. Die Daker der Traianssäule führen freilich Lanzen und Schilde, die unserem Typus II noch fremd sind. Auf einem wesentlich späteren Denkmal, einem wahrscheinlich der Zeit des Septimius Severus angehörenden Relief von der Basis der Ehrenstatue eines Lagerpräfekten, die zu Amastris aufgestellt war (Festschrift für Benndorf S. 219), erscheinen Barbaren des Typus II mit denselben grossen Sichelschwertern, doch hier auch mit Schilden. Die Legion jenes Präfekten stand in Dacien. Gewiss ist nicht ein Kampf mit den längst befriedeten Dakern, [1] sondern wahrscheinlich die Abwehr eines Einfalles unruhiger Barbaren aus der Gegend der unteren Donau, wo die Reste des getischen Volkes sassen, dargestellt. — Auch die sonstigen Züge unseres Typus II passen zu der Deutung als Geten. So die fleischige Fülle dieser Gestalten, ihr langer Bart und die Hosentracht (die Ovid bezeugt); auch ihr Umherziehen mit Wagen; denn das unstete Wanderleben ist eben für die Geten bezeugt, die nach Strabo immer vom einen Ufer der Donau zum anderen ziehen. Im Jahre des Feldzuges des Crassus 29 v. Chr. dichtete Horaz von den umherziehenden Skythen und den rauhen Geten, carm. III, 24, 9 ff., deren Leben er den Römern als Vorbild vorhält; die Züge des Familienlebens bei dem Volke des Typus II, welche unser Denkmal enthält, passen sehr wohl zur Schilderung der Geten des Horaz.

In den Kampfbildern der „Metopen" kämpfen mehrfach Männer von Typus I und II nebeneinander. Nach Dions Bericht waren die von den Bastarnern dem C. Antonius 61 v. Chr. bei Istropolis abgenommenen Feldzeichen in Genukla, der Festung des Getenkönigs Zyraxes, aufbewahrt, woraus hervorgeht (vgl. Oesterr. Jahresh. I, Beibl. S. 152), dass der im Donaudelta sitzende Zweig der Bastarner zur Zeit des Crassus den Geten unterthan war. Es ist daher nur natürlich, wenn wir in den Darstellungen des Tropaions, die

---

[1] Sehr charakteristisch ist die Bemerkung des Herausgebers E. Kalinka a. u. O. 222: „Wir besitzen also hier wohl eine authentische Darstellung der Dacier mit ihren eigentümlich getragenen Beinkleidern und ihren mächtigen Sichelschwertern" . . ., wobei man erstaunt frägt: besitzen wir denn nicht in der Traianssäule längst die allerauthentischsten reichhaltigsten Darstellungen der Daker? Die konsequenten Anhänger Benndorfs müssen freilich, wie es Kalinka nach jener Andeutung möchte, die Bilder der Traianssäule für phantastische, unwahre, falsche Darstellungen der Daker halten — ebenso wie man den Streifenpanzer der Säule als eine Kunstlüge darstellen wollte, vgl. oben S. 478, — weil sie nicht mit den angeblichen traianischen Bildern des Tropaions übereinstimmen.

vor allem die Kämpfe in der Gegend desselben schildern, Bastarner an der Seite der Geten fechtend finden.

Unsere Typen III und IV müssen Völker darstellen, welche sich sehr nahe standen; denn sowohl ihre Haartracht als ihr sonstiger Habitus ist der gleiche; nur ihre Tracht ist verschieden; die einen haben einen vorn geschlitzten Kaftan, die anderen einen Kittel wie die Geten, wenn sie nicht kämpfen. Die Myser und die Thraker, die wir in diesen beiden Typen zu erkennen haben (wahrscheinlich die Myser in Typus III, die Thraker in Typus IV), standen sich auch der Ueberlieferung nach offenbar nahe. Dass beide in den Kampfdarstellungen wenig hervortreten, ist natürlich, da die viel gefährlicheren Hauptgegner des Crassus die Geten und die Bastarner waren. Dass auch Thraker an der Seite der Geten kämpften, ist gewiss nicht unwahrscheinlich; daher sich das Nebeneinander von Typus I, II und III in Metope 23 wohl erklärt.

Der Kampf gegen die Bastarner (Typus I) allein ist nur in wenigen der erhaltenen Metopen (vier sind verloren) dargestellt: in Metope 29, wahrscheinlich in Metope 4 und vielleicht auch in Metope 7. Doch sind diejenigen zwei Bilder, die durch ihre individuellen Züge aus allen übrigen herausfallen, Metope 31, der Kampf im Walde, und Metope 32, der im Walde wartende Feldherr, auf den Bastarnerkampf zu beziehen, indem sie eben jene individuellen Züge mit der Beschreibung der Bastarnerschlacht bei Dion teilen. Nach Dion stellte sich Crassus des Nachts in einem Walde versteckt auf, so dass sein Heer von den Bastarnern nicht gesehen werden konnte; hier wartete er, bis die Bastarner des anderen Tages durch die vor dem Walde aufgestellten Späher getäuscht in die Falle gingen und in den Wald eindrangen. Hier im Walde wurde ein grosser Teil derselben von den Römern niedergemacht. Dies ist genau die Situation, wie sie Metope 31 und 32 darstellen. Auf den geistreichen Einwurf Benndorfs, „als ob es nirgends sonst Bäume in der Welt gäbe" (Oesterr. Jahresh. I, 133), wird man keine Antwort erwarten. Die Metopen geben sonst nirgends eine Andeutung der landschaftlichen Situation; ihre Wiedergabe hier muss eine besondere Bedeutung haben. Sie erklärt sich vollständig durch die von Dion berichtete Kriegslist des Crassus. Das Warten des Feldherrn mit seinem Heere im Walde ist so deutlich, wie diese Kunst es nur vermag, dargestellt. Ebenso in Metope 31 die Vernichtung der in den Wald gelockten Feinde, die nicht klarer gegeben werden konnte als durch den zu Füssen des Baumes schon getötet Liegenden und durch den noch Lebenden, der sich vor dem alles vernichtenden Römer auf einen Baum geflüchtet hat, von dem aus er den Bogen abschiesst.

Benndorf wendet ein: „nach Dion sind es die Barbaren, die in den Wald eindringen, das Umgekehrte schildert Metope 31" — Benndorf würde demnach als Illustration zu Dions Bericht von der gelungenen Vernichtung der Feinde im Walde wohl eine Darstellung erwarten, wo die Barbaren in den Wald vordringen und Römer vor sich herjagen?! Wenn die Barbaren im Walde vernichtet werden, müssen sie allerdings in den Wald hereingekommen sein; aber ist dies Hereinkommen oder ist ihr Vernichtetwerden die Hauptsache?

Von den anderen Darstellungen ist nur noch eine, die aus dem Typischen stark herausfällt und ganz vereinzelt ist: die eng zusammengedrängte Herde von Schafen und Ziegen. Sie ist unverständlich im übrigen Zusammenhange, wenn ihr nicht eine besondere Bedeutung zukommt. Ich vermutete eine Andeutung der Höhle Keire, in welche die Geten des Dapyx ihren Besitz und besonders alle ihre Herden (τὰς ἀγέλας πάσας) geflüchtet hatten. Die übrigen Bilder sind alle typischer Art und stellen teils die Römer allein dar (Fusstruppen im Angriff 12, 13, 14, 15, ruhig 28, 38, 43, Reiter 1, 2, 3, Musik 11, 41, 50, Standarten 26, 40, 42, den Feldherrn mit Begleitung 10, 27, 39, 44); teils im Kampfe mit den Barbaren (Reiterei 4, 5, 6, 7, Fusssoldaten 16—23, 29, 30, 33—37); und die Barbaren erscheinen ausserdem mit Wagen ziehend (9), tot (24) und gefangen (45—49). Es sind lauter Einzelbilder, von denen nur wenige enger untereinander zusammenhängen. Der künstlerischen Aufgabe des abgeschlossenen, eingerahmten Bildfeldes entsprechend giebt jede Darstellung möglichst ein geschlossenes Ganzes. Es ist nichts weniger als eine fortlaufende Erzählung ganzer Feldzüge gegeben, sondern nur eine bunte Auswahl von charakteristischen Scenen.

Wir kommen zum letzten Abschnitte, dem über den Stil des Denkmals; es gilt, diesen im Zusammenhange mit der ganzen Entwicklung der provinzialrömischen Kunst zu bestimmen. Das Resultat, das sich dabei ergiebt, würde allein schon völlig genügen, die Datierung des Tropaions unter Traian zu widerlegen und seinen wesentlich älteren Ursprung zu erweisen. Die nächsten Analogieen für den Stil des Denkmals führen alle auf die augusteische Zeit. Was allein zum Beweise genügen würde, wird uns, nachdem wir so vieles schon vorgebracht, zur endgültigen Bestätigung.

Schon Intermezzi S. 76 habe ich auf Grund der Entwicklung des römischen Porträts sowie der römischen Münzen und auf Grund des Augustusbogens von Susa hervorgehoben, dass die naive, trockene, nüchterne Eigenart des Tropaions eben in augusteischer Zeit, nicht aber später ihre Erklärung findet und dass die Bildwerke des Tropaions, in Traians Zeit entstanden, vermutlich ebenso geschickter und gebildeter als allgemeiner und flauer stilisiert sein würden.

Was ich damals mehr nur postulieren konnte, habe ich später wirklich erwiesen (Sitzgsber. 1897, 1, S. 278 ff.), nachdem ich die Freude gehabt hatte, in den provinzialen Museen an Rhein und Mosel durch das Studium der datierbaren Steinskulpturen die Entdeckung zu machen, dass die überraschendsten Analogieen zu dem künstlerischen Charakter der Adamklissi-Skulpturen sich unter den provinzialen Reliefs der frühesten Kaiserzeit, und nur unter diesen finden, sowie dass später ein ganz anderer, mehr hellenisierter, viel gewandterer, ein weicher flotter, aber auch flauer Stil herrschte. So viel man sich schon mit jenen provinzialen Skulpturen beschäftigt hatte, diese offenbare Thatsache ihrer künstlerischen Entwicklung war bis dahin nicht beobachtet worden und war mir nur eine willkommene Bestätigung meiner Ansetzung von Adamklissi.

Ich habe seitdem jene Gesichtspunkte nicht aus den Augen verloren und habe durch neue Beobachtungen auf zahlreichen Reisen jenes Resultat immer wieder von neuem bestätigt gesehen.

Mit Ausnahme derjenigen Länder, die eine ältere, eigene Kultur besassen, finden wir überall im weiten römischen Weltreiche dieselbe Erscheinung wieder: die zunächst durchweg mit dem römischen Militär zusammenhängenden Denkmäler der frühesten Kaiserzeit sind von einem an den verschiedensten Orten gleichartigen, eigentümlich harten und ungelenken Stil von der Weise wie in Adamklissi. Mit demselben verbunden pflegt eine Vorliebe für härtere Steinarten als Material für die Reliefs zu sein. Späterhin, und zwar etwa seit der flavischen Epoche, weicht dieser Stil einem stark hellenisierten, weicheren, flaueren, und mit diesem pflegt Vorliebe für weichere Steinarten als Material einzutreten. Nur an zurückgebliebenen Orten tritt jene Hellenisierung nicht ein; dafür versinkt dann hier die Kunst in stillose Rohheit, die aber von jenem früheren harten Adamklissi verwandten Stile vollständig verschieden ist und leicht unterschieden werden kann; auch tritt trotz aller Rohheit vielfach die Bekanntschaft mit den Formen jenes weichlichen späteren Stiles hervor.

Betrachten wir zunächst die provinzialen Denkmäler der mittleren und unteren Donau, so gehört die Masse der gewöhnlichen Grabmäler des 2. und 3. Jahrhunderts eben der letzteren charakterlos rohen Art an. Nur die seltenen Denkmäler der frühen Kaiserzeit zeigen etwas von jenem eigenartigen Adamklissi verwandten Stile. Auf die frühesten Grabsteine von Carnuntum, die in den Arch. epigr. Mitt. aus Oesterr. XVIII, 1895, S. 208 f. besprochen sind, habe ich schon Sitzgsber. 1897, I, S. 280, 284 f. hingewiesen. Das dort hervorgehobene Bild des *Q. Veratius*, das ich seitdem im Originale auf Schloss Petronell sehen konnte, steht durch die rohe Ausführung freilich tief unter Adamklissi, folgt aber in der Gesichts- und Haarbildung demselben Stile. Ebenso ist der im Museum zu Deutsch Altenburg befindliche Grabstein des *Ruf. Lucilius M. f.* mit der ganzen Figur des Soldaten, der ebenfalls vor 63 n. Chr. datiert ist (Arch. epigr. Mitt. aus Oesterr. XVIII, S. 220) zwar viel geringer als Adamklissi, aber stilistisch in der harten Treue des Details und der Gesichtsbildung (Augen, hohes Kinn, Haare) gleichartig. Ebenda ist der Stein mit der Inschrift *C. Cassio Marino* und einem Brustbild zwar roh und gering, aber gleichartig; hierher gehört auch der Stein aus Carnuntum Arch. epigr. Mitt. aus Oesterr. V, Taf. 5; vgl. XVIII, S. 215, 7. Im Aquincum Museum zeigen die noch dem ersten Jahrhundert angehörigen Steine Nr. 158 (ohne Inschrift, Brustbild und Reiter) und 159 *(C. Castricius C. f.*, ganze Soldatenfigur) noch etwas von der älteren Art und sind sehr verschieden von den späteren jenes Fundorts. Wo immer unter den späteren an Stelle jener gemeinen, charakterlosen Rohheit etwas besseres erscheint, da zeigt es die flüssigen, weichen, hellenisierten Formen. Als ein gutes Beispiel letzterer Art gebe ich auf Taf. XI, 4 einen Grabstein des Budapester Museums (nach einer dort käuflichen Photographie, welche auch die Inschrift deutlich erkennen lässt), welcher schon nach dem Standort der Legion des Soldaten, dem er galt, nicht vor das 2. Jahrhundert gehört. Es ist ein Kampf mit Barbaren dargestellt. Der Knieende trägt eine faltige Mütze. Es ist sehr lehrreich, dies Relief mit den Metopen von Adamklissi zu vergleichen, welche den gleichen Gegenstand behandeln (vgl. etwa Metopen 17, 20, 22). In dieser Weise wenigstens würden wir die Tropaionbilder ausgeführt erwarten müssen, wenn sie der traianischen Epoche angehören würden. Es besteht ein gewaltiger Gegensatz dieser weichen, flüssigen, hellenisierten Manier und jener primitiven Härte. Der Stil von Adamklissi vermeidet jede Verkürzung; er breitet alles in der Fläche aus, wie es die primitiven archaischen Stile alle thun. Dagegen sehe man die Raumvertiefung und die Verkürzungen auf dem Budapester Relief! Welcher Gegensatz ferner zwischen den eckigen, naiv deutlichen Bewegungen, der peinlich harten Treue des Details dort und dem breiten flüssigen Vortrage hier, die trockene Nüchternheit dort und das vom Hellenismus erlernte Pathos hier, namentlich in dem knieenden Barbaren! Dann die völlig verschiedene Behandlung der Köpfe, der Haare, des Auges!

Am Rheine ist derselbe Kontrast früherer und späterer Arbeiten zu erkennen, wie ich schon in den Sitzgsber. 1897, I, S. 278 f. ausgeführt habe; nur mit dem Unterschiede, dass die späteren Stücke hier durchschnittlich auf einer künstlerisch wesentlich höheren Stufe stehen als in den Donaugegenden, wodurch jener Kontrast des Aelteren und Jüngeren hier noch deutlicher und greifbarer erscheint. Die rheinischen Grabsteine des ersten Jahrhunderts überblickt man jetzt in der Zusammenstellung von R. Weynand in den Bonner Jahrbüchern Heft 108/9, S. 185 ff. mit Taf. 4—6 (wo sich derselbe auch S. 226 f. im Anschluss an meine Ausführungen a. a. O. über den Stil äussert). Besonders bedeutend und charakteristisch im Stile ist der Stein des in der Varusschlacht gefallenen *M. Caelius* (Weynand Nr. 78; Taf. 5, 6). Als Proben iulischer Zeit geben wir auf unserer Taf. X, 1 den Stein des *L. Naevius* (Weynand Nr. 23), mit dem Brustbilde des Verstorbenen, und Taf. XI, 1 als ganze Soldatenfigur den *Cn. Musius* (Weynand Nr. 24), bei welchem die Gesichtsbildung, Haare, Augen, Ohren und die harte Treue in der Uniform ganz dem Stile von Adamklissi entsprechen. Als Kampfdarstellung ist charakteristisch der Stein des *C. Romanius* aus claudischer Zeit (Weynand Nr. 136; Taf. 6, 7). Ich hebe ferner hervor die Steine des *C. Largennius* in Strassburg (Weynand Nr. 4), mit der Halbfigur des Soldaten, aus hartem, grauem Kalkstein (während alle jüngeren Skulpturen jener Gegend in dem weichen roten Sandstein gearbeitet sind), das Brustbild des *Sibbaeus* in Mannheim (Weynand Nr. 45) und den Reiter *Rufus* ebenda (Weynand Nr. 52). Auch der lebensgrosse, bartlose Porträtkopf Nr. 2384 des Strassburger Museums aus grauem Kalkstein muss von einem dieser frühen Grabdenkmäler stammen; ebenso ist in Mannheim das Brustbild der Kybele Nr. 4 aus Düsseldorf eine Arbeit des frühen Stiles. — Mit der flavischen Epoche beginnt dieser Stil zu verschwinden; natürlich nicht plötzlich; es giebt eine Zeit des Uebergangs; einige Stelen flavischer Zeit mit dem jetzt neu aufkommenden Totenmaltypus bewahren noch etwas von dem alten Stil (Weynand Nr. 171, 172 in Mainz, 194 in Köln), der aber dann ganz verschwindet.

In Südfrankreich, wo alte griechische Kultur den herrschenden Einfluss hatte, begegnet natürlich jener harte Stil nicht. Als Probe von Barbarendarstellungen frühkaiserlicher Zeit aus jenen Gegenden gebe ich auf Taf. XI, 3 ein Stück des Triumphbogens von Carpentras nach einer Photographie, die ich Herrn C. U. Clark verdanke. Das Relief ist bisher nur sehr ungenügend publiziert in Caristie, monum. ant. à Orange, Taf. 29, 8. Der Bogen ist sehr verwandt dem von Orange, wird also wahrscheinlich in dieselbe Zeit gehören wie jener, die des Tiberius (vgl. P. Gräf in Baumeister, Denkm. III, 1886).

In diesen prächtigen Darstellungen zweier Barbaren, von denen der links orientalischen, der rechts keltisch-germanischen Typus zeigt, herrscht, wie am Bogen von Orange und anderen südfranzösischen Denkmälern dieser Zeit, vollendet freier, lebendiger Stil hellenischer Art, der von jenem, den wir hier verfolgen, gewaltig absticht.

Dagegen befindet sich ein grosses Denkmal eben dieses harten Adamklissi verwandten Stiles in dem benachbarten Alpenlande, der Triumphbogen, den im Jahre 9/8 der frühere König dieser Gegend, M. Julius Cottius, mit den ihm nunmehr als römischem Präfekten unterstellten Völkerschaften dem Augustus in Segusio, dem heutigen Susa, gewidmet hat. Die Reliefs dieses Denkmals sind jetzt vollständig photographisch publiziert in Ermanno Ferrero, l'arc d'Auguste à Suse, Turin 1901. Wir geben danach auf Taf. XII, 2—5

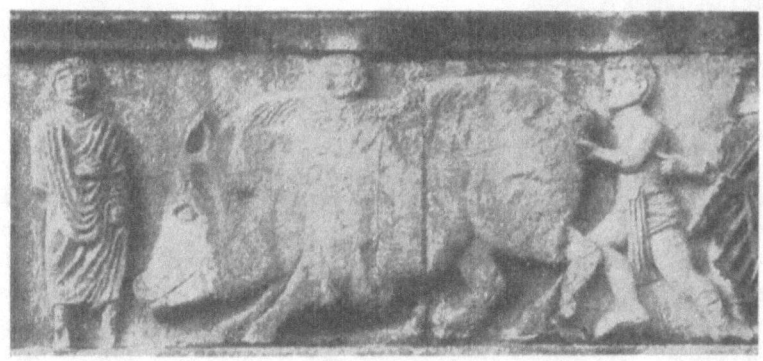

Vom Bogen zu Susa.

und beistehend einige Proben und stellen eine der Metopen von Adamklissi daneben (Taf. XII, 1). Die Zusammenstellung wirkt wohl hinreichend ohne Worte. Hier ist an einem authentischen, umfangreichen, sicher datierten Denkmale erwiesen, dass die Stilart der Adamklissi-Reliefs augusteischer Epoche angehört. Wer behaupten will, dass derselbe Stil auch unter Traian möglich sei, der beweise es und führe analoge Denkmäler aus jener späteren Epoche an! Sie existieren nicht.

Besonders hervorzuheben ist die gleichartige Bildung der Stiere in Susa und Adamklissi; namentlich die Bildung des Kopfes mit der Schnauze, den Augen, dem Haare zwischen den Hörnern ist ganz gleich; man vergleiche ferner die Stilisierung des Gewandes die Vermeidung jeder Verkürzung; von Details die Hornbläser, die Rosse, die Art ihres Galopps, ihren Schweif, ihre

Brustbänder u. s. f. Der Unterschied, der besteht, ist nur einer des Grades: die Susa-Reliefs sind bedeutend geringer, gröber, viel weniger reich im Detail und viel schlechter in den Proportionen der Figuren als die Adamklissi-Skulpturen.

Aus einer anderen, doch ebenfalls Italien nächsten Gegend, geben wir auf Taf. XI, 2 ein gegenständlich und stilistisch interessantes Relief. Dasselbe, in hartem Kalkstein ausgeführt, befindet sich im Museo lapidario in Triest, wo ich es vor wenigen Jahren aufnehmen konnte. Es scheint von einer Balustrade zu stammen. Zu den Seiten eines Tropaions sitzt rechts eine trauernde Frau mit gelöstem Haar und steht links ein gefesselter Barbar mit nacktem Oberkörper, mit Hosen und Schuhen bekleidet, mit stierem, trotzigem Blick. Der Typus ist der eines Germanen. Die detaillierte, trockene, harte Arbeit weist auf relativ frühe Entstehung. Die Haare sind mit sauberen, parallelen Linien gegeben.

Das Taf. X, 3 nach Bulletin archéologique 1896, pl. XIII; p. 150 gegebene Relief stammt aus Sidi-Salah-el-Balthi und befindet sich im Musée du Bardo. Auf eine gewisse Verwandtschaft mit den Reliefs von Adamklissi (die er jedoch übertreibt) hat Sal. Reinach a. a. O. aufmerksam gemacht. Das Relief besteht aus gelblichem Kalkstein und hat nach Gauckler a. a. O. das Thor einer Citadelle geschmückt, die er der vorrömischen numidischen Epoche zuschreiben möchte, während Reinach das Relief nach dem vermeintlichen traianischen Datum von Adamklissi fixieren will. Das Relief ist sehr viel roher als Adamklissi, zeigt aber in der That doch Verwandtschaft des Stiles. Die Barbaren mit nacktem Oberkörper und Hosen entsprechen im wesentlichen dem germanischen Typus; vermutlich waren in der Fortsetzung noch andere besiegte Barbaren dargestellt. Das Ganze mag sich wohl auf die Kämpfe der Römer gegen die einheimischen Stämme in Nordafrika bezogen haben, die unter Augustus sowohl (L. Cornelius Balbus) als unter Tiberius (gegen Tacfarinas) stattfanden.

Wenn an so weit getrennten Orten gleiche Stileigenschaften auftreten, so muss die Wurzel derselben eine gemeinsame sein. Der Stil muss eine Heimat haben, von der aus er verbreitet worden ist.

Ueber die Träger dieser Verbreitung kann kein Zweifel sein: es waren die römischen Legionen, in deren Gefolge jener Stil überall draussen im Barbarenlande auftritt.

Aber auch über die Heimat des Stiles können wir nicht zweifelhaft sein, wenn wir unseren Blick nach Italien richten. Hier liegt sie; nicht in dem hellenisierten Italien der Westküste und des Südens freilich, sondern in dem

dem Hellenismus lange fremden östlichen Teile Mittelitaliens und vor allem in Norditalien jenseits des Apennin, in der Aemilia und den Polandschaften.

Dies ergiebt sich mit vollster Deutlichkeit aus den Denkmälern.

Allenthalben in den Museen Oberitaliens giebt es Vertreter einer Klasse von Skulpturen, die bisher, mit Ausnahme der Lokalforschung und der Epigraphik, von der Wissenschaft sehr wenig beachtet und von den Archäologen gänzlich vernachlässigt worden ist: die aus den einheimischen Steinarten gemeisselten römischen Grabdenkmäler mit den Büsten und Brustbildern der Verstorbenen, die nach den Inschriften der augusteischen oder folgenden frühesten Kaiserzeit angehören.

In diesen steckt der ganze Charakter der Kunst von Adamklissi. Und hier ist in breiter Fülle vertreten, hier wächst in heimatlicher Kraft dasjenige auf, das weit draussen im fremden Lande dann vereinzelt wieder hervortritt.

Aus der Masse des Vorhandenen sei hier nur Weniges zur Probe hervorgehoben. — Aus Mittelitalien zunächst verweise ich des Stiles wegen auf

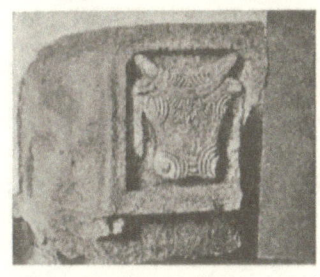

Relief aus Aufidena.

das beistehend nach Monum. antichi dell' acc. dei Lincei vol. X, p. 250, Fig. 7 wiedergegebene Fragment aus Aufidena im nördlichen Samnium, dessen Stierkopf genau all dieselben typischen und stilistischen Eigentümlichkeiten zeigt, die wir am Augustusbogen von Susa sowohl wie am Tropaion von Adamklissi gefunden haben. Das Fragment wird wohl mit Recht noch der letzten republikanischen Zeit zugeschrieben. — In Bologna im museo civico befindet sich der

auf Taf. X, 2 abgebildete Grabstein (dessen Photographie ich der gütigen Erlaubnis und Vermittlung von Brizio verdanke) mit zwei Büsten. Die Frisur der Frau, der Haarknoten über der Stirnmitte ist bekanntlich charakteristisch der letzten Zeit der Republik und der Epoche des Augustus. Livia trägt diesen Stirnschopf. Die nüchtern harte, grobe Art, der Geist der Arbeit wie die Formen, die Augenlider, Ohren, die Haarlinien sind in Adamklissis Art. Reich vertreten ist diese Kunst im Museum zu Modena. Hierher gehört der grosse Grabstein Dütschke, ant. Bildw. in Oberital., Bd. V, 850 (CIL. XI, 853; schlechte Abbildung in Malmusi, museo lapid. Modenese 1830, S. 66, L) mit mehreren Büsten, trefflichen Beispielen nüchtern italischer, grob naiver Porträts; alle Köpfe aber haben den gleichen Grundtypus: lange Gesichter, hohes und breites Kinn, abstehende Ohren. Ebenda Dütschke 833, 836 und 839

(CIL. XI, 871, 874, 839; Malmusi p. 15, 18, 26) sind kleinere Steine gleicher Art. Ein bedeutendes und grosses Denkmal ist ebenda Dütschke 852 (CIL. XI, 855; Malmusi p. 64, Taf. 48) mit vier Brustbildern in Nischen mit gewundenen Säulchen. Charakteristisch für die völlige Unbekanntschaft der Kunsthistoriker mit dieser italischen Kunstart der frühesten Kaiserzeit ist es, dass eben dieses Relief neuerdings bei Venturi, storia dell' arte italiana I, Fig. 45, 46; p. 64 f. als ein Beispiel für provinziale Kunst der Zeit zwischen Constantin und Justinian und als ein Stück, das zum mittelalterlichen romanischen Stil überleite, publiziert worden ist! Glücklicherweise ist hier wie bei den übrigen gleichartigen Stücken an den Inschriften schon ein fester Halt. In demselben Museum zu Modena ist es interessant, den Grabstein Dütschke 834 (CIL. XI, 839; Malmusi S. 12) zu vergleichen, der die spätere Zeit, etwa Ende des 1. oder Anfang des 2. Jahrhunderts charakteristisch vertritt.[1]) Hier ist der alte Stil schon völlig verschwunden trotz Beibehaltung der alten Form der Grabstele; aber der Stil ist jener weichliche, gebildete, flotte geworden, welcher den harten alten italischen um jene Zeit überall verdrängt hat. — Ferner gehören mehrere Steine in Ravenna hierher (auch die bei Walter Götz, Ravenna Fig. 8 und 9 abgebildeten). — Besonders gute Stücke sind im Museum zu Padova. Durch Gefälligkeit der Direktion sind einige Aufnahmen hergestellt worden, die unsere Taf. VIII, 1, 2 und IX, 2 wiedergeben. Sehr charakteristisch ist Taf. VIII, 1 in seiner rohen Derbheit, die Adamklissi aufs nächste verwandt ist, in der ganzen Gesichtsbildung, dem Kinn, den Augen, dem Haare. Bei der Frau kehrt jener von der Livia bekannte Haarknoten über der Stirne wieder. Die Inschrift ist auf der Tafel deutlich (zu den Namen vgl. CIL. V, 2915/16). Ein sehr stattliches Grabmal ist das 1879 bei Monselice gefundene der Familie der Volumnier (Taf. VIII, 2; zu den Namen vgl. CIL, V, 3207). Hier sind zehn Brustbilder angeordnet, alle in demselben alten derben Stile. Hier bietet auch das Architektonische Verwandtschaft mit Adamklissi dar. Einfach ist dagegen wieder Taf. IX, 2 desselben Museums (vgl. zum Namen CIL. V, 523). Auf der Aedicula oben liegen zwei Hasen statt der sonst üblichen Löwen. Sehr ähnlich sind mehrere Steine ebenda, wo die Löwen erscheinen. Ebenfalls ein Ehepaar in Brustbildern gleichen Stiles stellt der Stein CIL. V, 3034; Furlanetto, tavole rappr. le lapidi Patavine (1847) Taf. 29, 1 dar. Die Haare des Mannes wieder ganz wie in Adamklissi. Etwas weniger derb ist CIL. V, 2974. Auch Furlanetto Taf. 18, 1, 30, 32 gehören hierher. In Mailand erwähne ich Dütschke 1000; Rosmini, storia 3,

---

[1]) Mit dieser meiner Datierung erklärte sich mir auch C. Hülsen, der mir auf manche Fragen freundliche Antwort gab, von epigraphischer Seite einverstanden.

488; ferner Amati, antich. di Milano (1821) Taf. 20 (CIL. V, 6017) und Taf. 21 (CIL. V, 6123; Rosmini 4, 448). Aus Vicenza kann ich durch Gefälligkeit der dortigen Museumsdirektion eine Aufnahme des im Palazzo Orgian befindlichen Steines Dütschke 49 auf Taf. IX, 1 bringen (CIL. V, 3143; schlechte Abbildung bei Schio, ant. iscr. in Vicenza tav. 16). Das wellige Haar der Frau war in der claudischen Zeit besonders beliebt. Sehr ähnlich ist der zweite ebendort befindliche Stein Dütschke 50, der mir auch in Photographie vorliegt. — In Verona ist der sehr rohe derbe Stein des *Cn. Octavius* (CIL. V, 3997) mit der Halbfigur des Verstorbenen ein frühes charakteristisches Stück. Die beiden den rheinischen so ähnlichen Soldatengrabsteine ebendort CIL. V, 3374, 3375 sind zwar jünger als 45 n. Chr. wegen des Beinamens ihrer Legion, aber gewiss nicht viel; denn sie sind noch wesentlich im alten Stile gehalten. Auch im Museum zu Aquileia sind einige frühe Grabsteine mit Brustbildern von Ehepaaren. In Triest ist an der Cathedrale von S. Giusto am Portale ein grosser in zwei Hälften zerschnittener Grabstein mit drei Reihen von Brustbildern der Familie der Barbii eingemauert (CIL. V, 579). Taf. IX, 3 giebt die linke Hälfte nach meiner Aufnahme. Auch dies um die augusteische Epoche gehörige Denkmal (Venturi, storia d. arte ital. I, 65 nennt es als schon halb mittelalterlich!) ist stilistisch Adamklissi nächst verwandt.

Doch genug dieser Details, die sich bei der Fülle des erhaltenen Materiales leicht ungemein erweitern liessen. Die Thatsache steht fest. Der Stil von Adamklissi hat seine Wurzel im nördlicheren Italien.

Bekannt ist, wie sehr sich die oberitalischen Städte in der Kaiserzeit durch ungleich höhere Lebenskraft auszeichneten (vgl. Nissen, italische Landeskunde I, 77). Seit 42/41 v. Chr. war das Poland in Italien einverleibt; es war frisch und blühend, als im übrigen Italien alle Kraft abzusterben begann. Hier blühte noch ein unabhängiger Bauernstand (Nissen II, 118). Die keltische Bevölkerung war schon früh, soweit sie zurückblieb und nicht wegzog, latinisiert worden (Nissen I, 482); sie bildete nur ein kräftigendes Ferment. Schon Polybios (II, 15, 1. 7) schildert die Blüte der Poebene, die kräftigen Bauern; und „ein paar Jahrhunderte hindurch rekrutieren aus ihnen vornehmlich die römischen Legionen, bis die erschlaffende Civilisation auch diesen Kernstoff verbraucht hat" (Nissen I, 483). „Mit den Söhnen des Polandes hatte einst Caesar Gallien unterworfen, nach Ausweis ihrer Grabschriften haben sie in den Anfängen unserer Zeitrechnung den Rhein bewacht, unter Drusus und Germanicus die Kraft Deutschlands herausgefordert." (Nissen.)

Der heimische Kunststil, den wir hier in Norditalien in und um die augusteische Epoche kennen gelernt haben, ist der Ausdruck jenes echten, alten, auf dem Bauernstande ruhenden italischen Wesens, das in Rom selbst schon früh durch Etruskisches und Hellenisches erstickt worden ist.

Und die römischen Legionare aus Norditalien, d. h. die Kunstarbeiter unter den Legionaren sind es, die in augusteischer und nächst folgender Epoche den heimischen Kunststil in weite Fernen, ins Barbarenland getragen haben.

Und nun stimmt eine Thatsache vorzüglich zu dem, was wir aus den Denkmälern in den Provinzen erschlossen: in den Beginn der flavischen Zeit fällt der Ausschluss der Italiker vom Legionardienst (Mommsen im Hermes Bd. XIX, S. 19). Und mit Beginn der flavischen Zeit fängt, wie wir sahen, jener Stil, den wir nun als norditalischen erkannten, an zu ersterben.

Aber auch in der Heimat erstarb er infolge der erschlaffenden Wirkung fortschreitender Bildung, fortschreitender Hellenisierung. War jener Stil auch grob und roh zu nennen — er barg doch, was das Beste im Wesen des Italikers war; mag man ihn bäuerisch schelten — in ihm lebte doch eben die gesunde Kraft, der klare nüchterne Wahrheitssinn des alten Italikers. Die „Kultur" mit ihren verführerischen Gaben, der Hellenismus hat ihn getötet. Im zweiten Jahrhundert ist kraftlose Weichheit allenthalben an die Stelle getreten. Das Italische, das Echte, Eigene ist zum Schweigen gebracht; nun tönt nur das glänzende Fremde, das Hellenische fort, das man mit Routine zu imitieren lernt. — In diesem Tod des italischen Stiles steckt auch eines der Symptome, die der römischen Weltherrschaft nahenden Fall und Untergang verkündeten.

So ist es der gewaltige Gang der Weltgeschichte selbst, der uns hilft, das fehlende Wort in der traianischen Inschrift am Tropaion von Adamklissi zu supplieren: es kann fecit nicht gelautet haben. Der Geist und die Kraft, die das Tropaion erschufen — die traianische Epoche hat sie nicht mehr gekannt.

Nachtrag.

Kurz bevor der Druck vorstehender Abhandlung beendet ward, erschien der Aufsatz von F. Studniczka „über den Augustusbogen in Susa" im Jahrbuch des archäol. Instituts Bd. XVIII, 1903, S. 1 ff. Hier wird (auf S. 12 f.) auch auf das Tropaion von Adamklissi Bezug genommen und Studniczka führt als „ein charakteristisches Detail", das nach seiner Meinung den traianischen Ursprung des Monumentes bestätigen soll, den Akanthoskelch an, der am unteren Teil des Panzers des krönenden Tropaion selbst wie an dem des Feldherrn auf einer der „Metopen" (Adamklissi S. 59 und S. 35) angebracht ist. Der Akanthoskelch an dieser Stelle des Panzers trete „vielleicht schon unter Domitian, als herrschende Mode jedoch unter Traian und Hadrian auf". Dazu sind in Anmerkungen einige Citate gegeben. Wer diese aber nachprüft — der erschrickt, auf was für ein durchlöchertes Fahrzeug ihn der Autor da gestellt hat. Gleich das erste Citat zu dem Passus „vielleicht schon unter Domitian": „Olympia III, Taf. 60, 3, S. 246 (Treu)" enthält einen nur durch extreme Flüchtigkeit des Sehens erklärbaren Irrtum: da ist ja gar kein Akanthoskelch an dem Panzer, sondern die Stelle ist von der Figur eines gefangenen behosten Barbaren eingenommen (vgl. Treu a. a. O. S. 247). Und gleich darauf die Anmerkung zu den Worten: „herrschende Mode unter Traian", Anmerkung 57: „Statue bei Janssen, grieksche en romein. Beelden te Leyden, Taf. 5, 13, mir unzugänglich; danach vermutungsweise benannt Olympia III, Taf. 65, 2, S. 266 r. (Treu)". Also Studniczka citiert eine Traianstatue zu Leyden nach einer ihm unzugänglichen Abbildung, aber nach den Angaben von Treu, die, so muss man annehmen, für Studniczka keinen Zweifel daran liessen, dass jene Statue das Detail, auf das es ihm ankommt, den Akanthoskelch am Panzer, besitze. Schlagen wir das Citat nach, so sehen wir aber, dass Treu a. a. O. mit keinem Worte den Akanthoskelch erwähnt! Und schlagen wir gar jene Studn. unzugängliche Abbildung bei Janssen nach, so suchen wir auch an der Statue des Traian den Akanthoskelch vergeblich! — Da das Buch von Janssen wenig verbreitet scheint und man auch in Berlin in der Redaktion des „Jahrbuchs d. arch. Inst." anscheinend nicht in der

Lage war dem Mangel abzuhelfen, und da auch die Janssensche Abbildung recht gering ist, lasse ich beistehend die Statue, die aus Utica stammt, nach einer Photographie abbilden. Sie ist bekanntlich bedeutend durch schöne Arbeit und treffliche Erhaltung, indem sie den Kopf ungebrochen erhalten hat, was gerade bei den Panzerstatuen eine grosse Seltenheit ist. Der Panzer zeigt diejenige Verzierung, die überhaupt bei den marmornen römischen Panzerstatuen die bei weitem beliebteste und häufigste ist, d. h. die auf der Mitte des Unterleibes sitzende, mit der Spitze nach unten gerichtete Palmette, von der Ranken nach den Seiten ausgehen, auf welchen sich dekorative Figuren befinden. Also dieser Traian — die einzige erhaltene sichere Panzerstatue des Kaisers mit Kopf — folgt in dem Panzerschmucke jedenfalls nicht der nach Studniczkas Behauptung unter diesem Kaiser „herrschenden Mode".

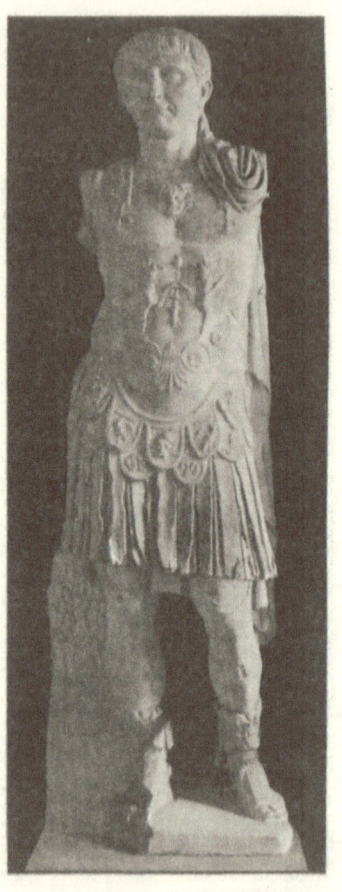

Statue des Traian aus Utica. Leyden.

Indes so unsolide die Basis ist, auf der Studniczkas Behauptung ruht, so könnte ja doch etwas Richtiges an ihr sein. Aber auch dies ist nicht der Fall.

Das fragliche Motiv des Akanthoskelches, der aus drei emporsteigenden Blättern besteht und als Basis aufsteigender Verzierung am unteren Rande der zu ornamentierenden Fläche angebracht wird, und ebenso zuweilen an Panzern und so am Tropaion von Adamklissi — wenn auch hier natürlich in grober roher Form — erscheint, hat nicht das Mindeste zu thun mit „barockem Geschmacke", wie Studniczka meint, und nicht das Mindeste mit der in traianischer Zeit „kräftig fortgesetzten Akanthisierung des klassizistischen Architekturornaments" (Studniczka a. a. O.);[1] sondern es ist

---

[1] Von welcher übrigens, nebenbei bemerkt, Adamklissi noch gänzlich frei ist. Es hätte oben, S. 488, noch besonders darauf hingewiesen werden können, wie sehr der Rankenfries von Adamklissi nicht nur mit dem Stile der augusteischen Denkmäler übereinstimmt, sondern auch wie vollständig er von analogen traianischen Akanthosfriesen verschieden ist.

68*

freilich nicht, wie Fröhner meinte, ein griechisches Werk des 4. Jahrhunderts, wohl aber, wie ich in Sammlung Somzée S. 60 gezeigt habe, wahrscheinlich eine der vorzüglichsten Reproduktionen der von Augustus geweihten Statue des Mars Ultor, und zwar eine, die ihres Stiles und rein griechischen Charakters wegen dem Originale auch zeitlich besonders nahe gestanden haben wird. Das rein klassizistische Werk ist sicher vortraianisch. Hier ist das Akanthosornament am unteren Panzerrande in Silber eingelegt. Ebenso ist es an der ebenfalls guten Statuette des Mars Ultor in Sofia (Revue arch. 1897, II, pl. 15).

Das fragliche Akanthosornament ist, wie wir sahen, genau so klassisch griechisch wie die anderen an den römischen Panzerfiguren erscheinenden Ornamente. Wir haben ferner gesehen, dass denn auch thatsächlich jenes Akanthosornament auch an Panzerfiguren der frühen Kaiserzeit vorkommt. Selbstverständlich bestand aber auch gar kein Hindernis, dass es nicht auch in der späteren Zeit vorkommen sollte. Im Gegenteil; die bei den späteren Panzerfiguren eintretende Mode der um den Leib geknüpften Schärpe sowie des die Brust verhüllenden Gewandes musste es im ornamental tektonischen Sinn wünschenswert erscheinen lassen, dass am unteren Rande des Panzers sich ein kräftigeres Ornament zeige. In der That finden wir denn gerade bei den mit Brustgewand oder Schärpe ausgestatteten späteren Panzerstatuen mehrfach das Akanthosornament (vgl. besonders Hadrian, Gaz. arch. 1880, 6; Olympia III, Taf. 65, 1; hier ist das Ornament auch gewählt, weil es der Wölfin zur Basis dienen musste; Antoninus Pius in Dresden, Clarac pl. 949, 2441, mit Schärpe; ebenso der Jul. Caesar des Capitols, Helbig 549, wo der Panzertors jedenfalls jünger ist; vgl. Rohden a. a. O. S. 6) Die ganz späte Kaiserzeit hat dann den Panzer wieder ganz ohne Verzierung gelassen (vgl. Clarac pl. 980), so wie es die klassische griechische Kunst gethan hatte. In letzterer freilich werden Ornamente auf dem glatten Panzer häufig aufgemalt gewesen sein. Manche klassizistische Arbeiten augusteischer Zeit schlossen sich natürlich auch an den griechischen Brauch an und vermieden die plastische Verzierung des Panzers (so die grossen Kameen Ant. Gemmen I, Taf. 56. 60).

Wir sehen: aus der Verwendung des Akanthosmotivs am Panzer von Adamklissi ist gar kein Anhalt für die Frage, ob traianisch oder augusteisch zu gewinnen, und dieser Versuch Studniczkas, den Verfechtern der Traians-These Hilfe zu bringen, muss als verfehlt betrachtet werden.

Studniczka behauptet aber ferner a. a. O., dass die Reliefs von Adamklissi „in ihren Bodenerhebungen, Bäumen und Karren, in den neben-, über- und hintereinander gedrängten Menschen unverkennbar dasselbe malerische Wollen" offenbaren, das in den traianischen Reliefs hervortrete. Die Bäume von Adamklissi — und „malerisches Wollen!" (es kommen nur auf Metope 31 ein, auf Metope 32 zwei Bäume vor, die für die schlichte Erzählung ganz unumgänglich nötig waren!). Die Karren — die für die Erzählung ebenso unumgänglichen Karren Metopen 9, 35, 36, 37 sollen „malerischem Wollen" entspringen? Bodenerhebungen? — es findet sich eine einzige angegeben (Metope 32), die wiederum sachlich notwendig war. Aber wenn dennoch jemand „malerisches Wollen" hier hereinsehen wollte — warum müsste dies denn gerade von traianischen Vorbildern stammen? — Doch genug über solche Art der Beweisführung. Sie ist nicht anders als wenn einer käme und behauptete, hier seien Kämpfe dargestellt, also sei der Einfluss traianischer Kunst „unverkennbar".

Weiterhin giebt Studniczka mehrmals die Versicherung ab, die Reliefs von Adamklissi seien „Stümperarbeit" (S. 16) oder „Pfuscherarbeit" (S. 12), welche aber den Stil der traianischen Epoche „ganz bestimmt" erkennen lasse und „grundverschieden" sei von dem Stile des Susabogens und der Soldatengrabsteine der ersten Kaiserzeit. Allerdings hebt Studniczka mehrfach hervor, dass er nur über eine sehr geringe und zufällige Kenntnis provinzialer Kunstübung verfüge; allein er lässt sich dadurch nicht hindern, die weitgehendsten Behauptungen mit der grössten Bestimmtheit aufzustellen und auszusprechen. Adamklissi ist ihm natürlich ganz traianisch; allein der Susabogen wurzelt ihm völlig in der archaisch griechischen Kunst des sechsten Jahrhunderts, ja er zehrt noch von „mykenischen Erbstücken". Auf wunderbare Weise hat sich der alte Stil in Oberitalien erhalten, und von da hat ihn der Susabogen.

Ich fürchte, dass derartige Ausführungen mit ihren weiten Ausblicken mehr die Phantasie anregen und dadurch wirksam sind als unsere Erkenntnis fördern. Es wäre ein leichtes, auf diese Art z. B. Adamklissi direkt mit der altägyptischen Kunst zu verknüpfen. — Charakteristisch für diese Abhandlung Studniczkas ist, dass er von den doch so zahlreich erhaltenen, nach Zeit und Stil dem Susabogen wirklich nahestehenden Skulpturen Oberitaliens, von denen wir oben gehandelt haben, gar keine Notiz nimmt, dagegen das Entfernteste heranzieht.

Nur ein einzelner Punkt sei schliesslich noch hervorgehoben. Studniczka scheint zu glauben, der von mir an den rheinischen Grabstelen der frühen Kaiserzeit nachgewiesene Stil sei im eigentlichen Gallien heimisch (S. 16), und er bildet S. 17 die eine Seite eines berühmten, in Paris gefundenen, in Tiberius

Zeit gehörigen Altares mit dem Stiergott Tarvos Trigaranus ab als nahe Analogie zum Susabogen. Eben dieses Beispiel ist lehrreich: Adamklissi und das mittelitalische Stierkopfrelief oben S. 506 sind wirkliche schlagende Parallelen zu den Stieren am Susabogen; jener gallische Altar (vgl. die vollständige photographische Abbildung aller vier Seiten bei Desjardins, géogr. de la Gaule rom. III, pl. XI, p. 267) zeigt, wie die anderen provinziellen Skulpturen des eigentlichen Galliens, auch wenn sie viel roher und gröber sind, einen von unserem oberitalischen gänzlich verschiedenen und seiner eigenartigen trockenen Härte durchaus entbehrenden weicheren, charakterloseren Stil. In Gallien standen keine Legionen, und es herrschte hier nur der hellenistisch römische Stil, soweit er von den Barbaren aufgenommen wurde, nicht aber jener italische, von dessen Eigenart und Ausbreitung durch die Legionen wir hier gehandelt haben.

Uebersicht des Inhalts.

Neue Rekonstruktion des Oberbaues des Denkmales S. 456—465.

Das Denkmal ist vortraianisch: die Inschrift beweist nicht, dass Traian der Erbauer ist S. 465—467. Die Stadt Tropaeum sowie das Soldatendenkmal sind traianisch, aber vom Tropaion bautechnisch völlig verschieden S. 467—470. Der Tropaionbau ist älter S. 470—471. Der Name der Stadt S. 471. Die Münze von Tomi S. 472. Das Soldatendenkmal S. 472—473. Die Inschrift am Tropaion S. 473—475. Traian, das Tropaion und die Dakerkriege S. 475—477.

Die früheren Gründe: die Tracht und Ausrüstung der Römer am Tropaion S. 477—479. Die Barbaren S. 479 f. Die Analogieen zum Tropaion S. 480 f. Die Erklärung durch die Ueberlieferung von Crassus Feldzug S. 481 ff. Der Tropaionbau und die historischen Verhältnisse in der Gegend zu Crassus Zeit S. 481—484. Ovid S. 484. Crassus und die Inschrift am Tropaion S. 484—486.

Einzelbetrachtung des Tropaiondenkmals. Die Architektur S. 486—489. Die Bildwerke: die „Metopen", Berichtigungen und Ergänzungen der Beschreibung S. 489—493; die Reliefs der Zinnen S. 493—495. Die vier Barbarentypen S. 495. Die vier Typen in den Kampfbildern der Metopen S. 495—497. Konsequenzen für die Deutung S. 497—500.

Der Stil des Tropaiondenkmals S. 500 ff. Die Eigenart des Stiles S. 501. Die provinziale Kunst an der Donau S. 501 f. und am Rheine S. 503; in Südfrankreich S. 503 f. Bogen von Susa S. 504. Reliefs in Triest und im Musée du Bardo S. 505. Ueber die Träger und die Heimat des Stiles S. 505 ff. Ober- und Mittelitalien S. 506. Reliefs aus Bologna, Modena, Ravenna, Padova, Mailand, Vicenza, Verona, Aquileia, Triest S. 506—508. Kultur in Oberitalien S. 508.

Nachtrag: Der Akanthoskelch in der römischen Panzerdekoration S. 509—513. Adamklissi, der Susabogen und gallische Kunst S. 513—515.

Verzeichnis der Tafeln.

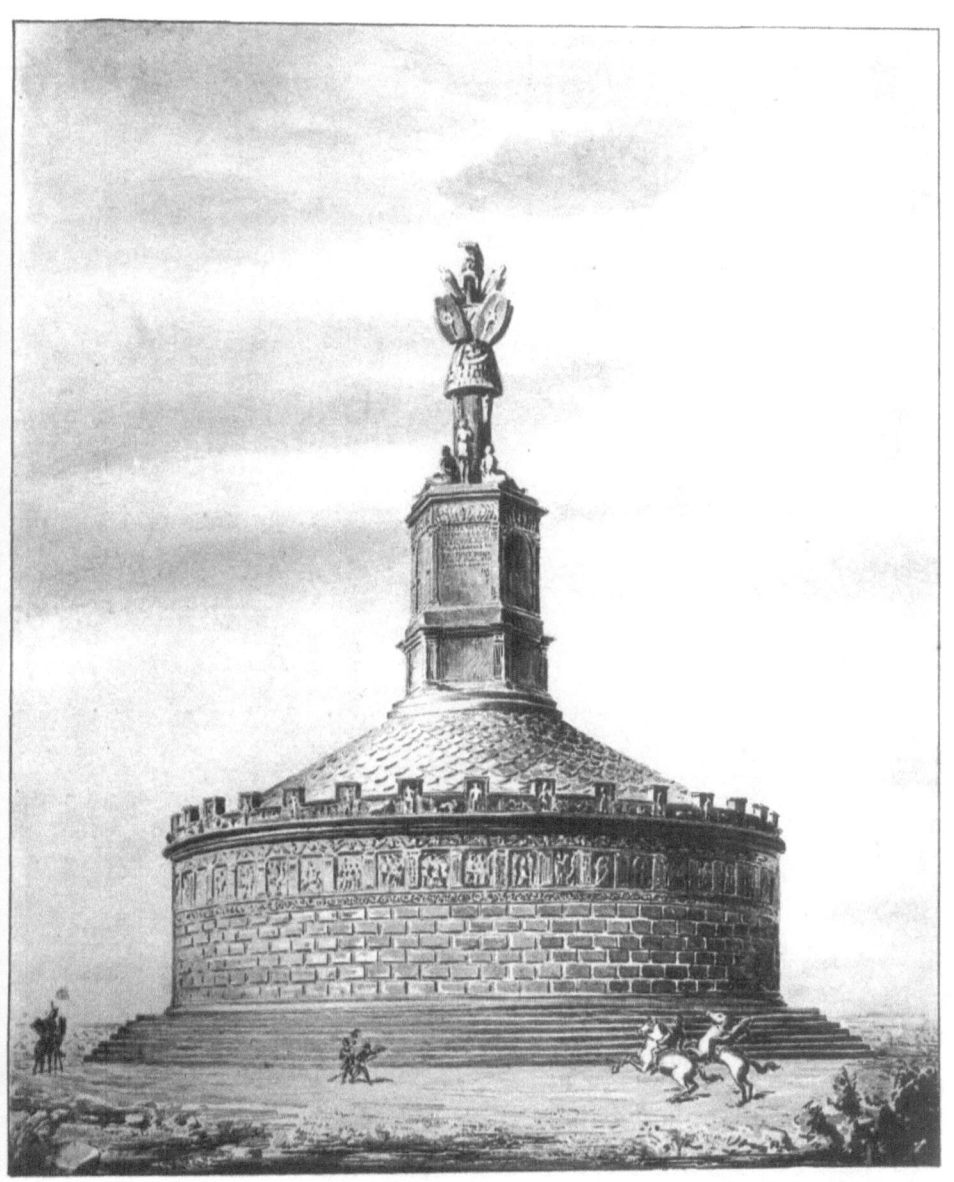

Reprod. von J. B. Obernetter, München.

TROPAION VON ADAMKLISSI.
(Neue Rekonstruktion des Oberbaues.)

Abh, d, I. Cl. d. k. Ak. d, Wiss. XXII. Bd. III. Abth.

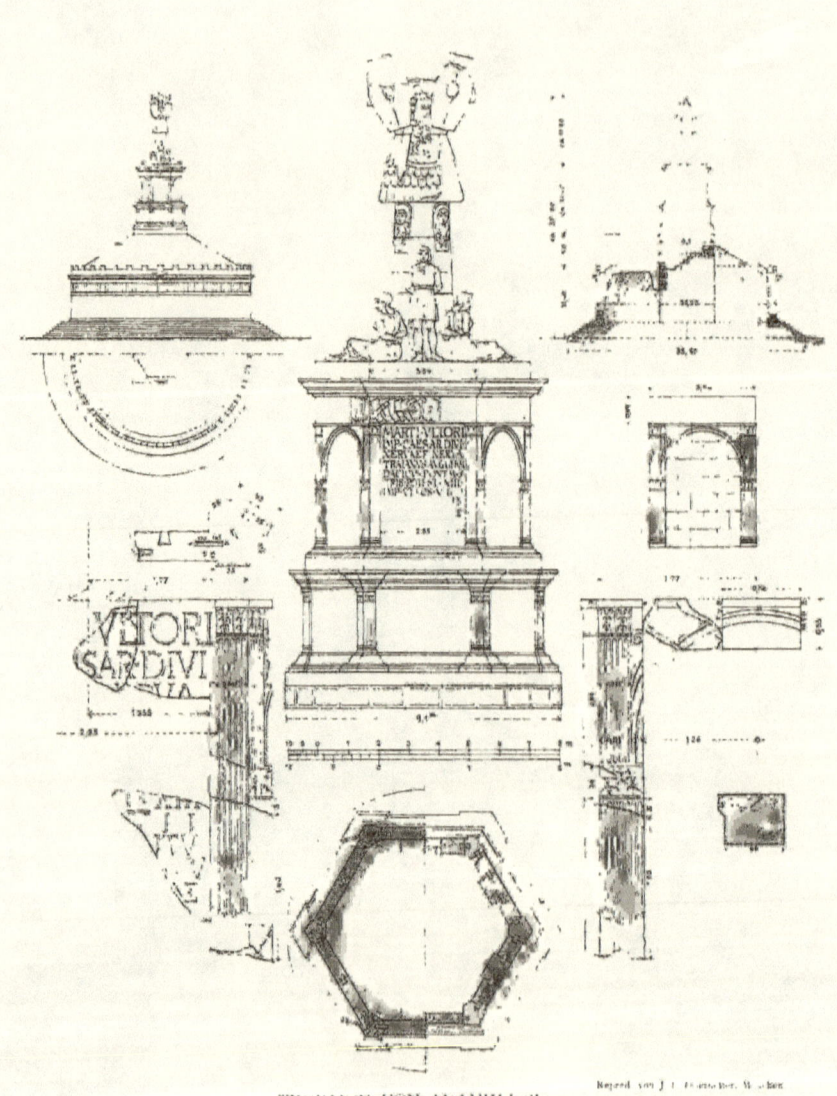

TROPAION VON ADAMKLISSI.

Abh. d. I. Cl. d. k. Ak. d. Wiss. XXII. Bd. III. Abth.

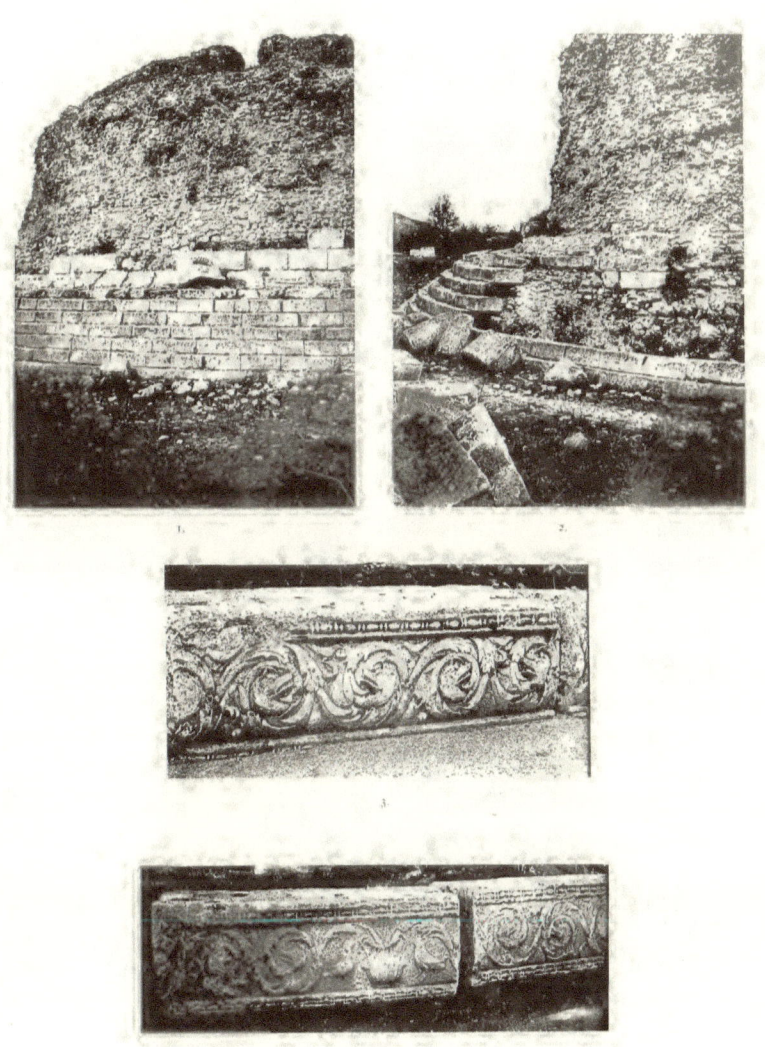

1. 2.

3.

4. Cliché E. J. B. Obernetter, München.

TROPAION VON ADAMKLISSI.

Abh. d. I. Cl. d. k. Ak. d. Wiss. XXII. Bd. III. Abth.

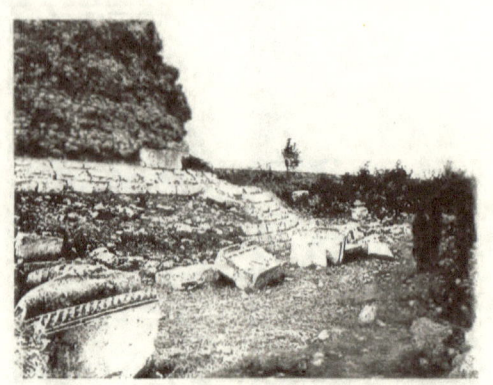

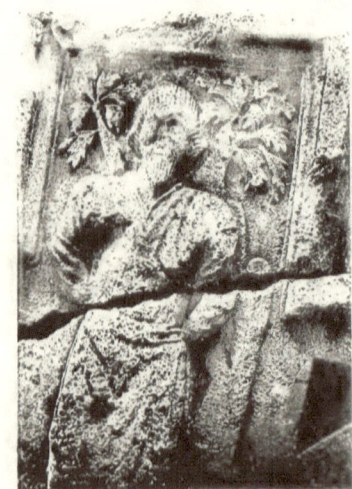
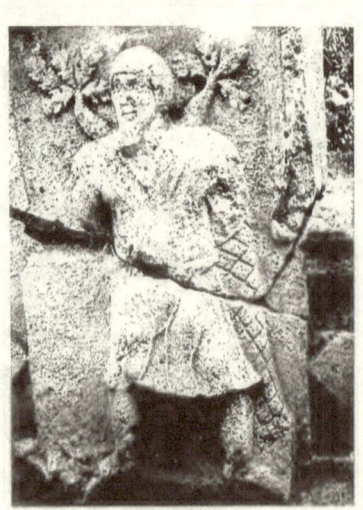

TROPAION VON ADAMKLISSI.

Reprod. v. J. B. Obernetter, München.

Abt. d. I. O. f. d. k. Ak. Wis. XXL T. XX.

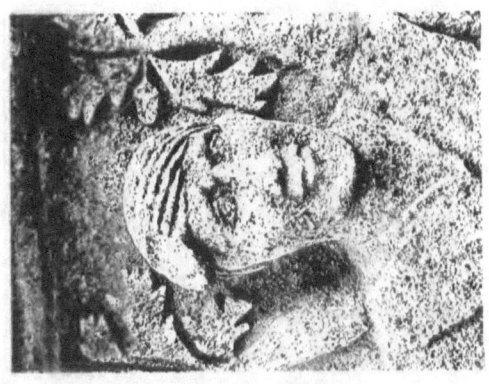

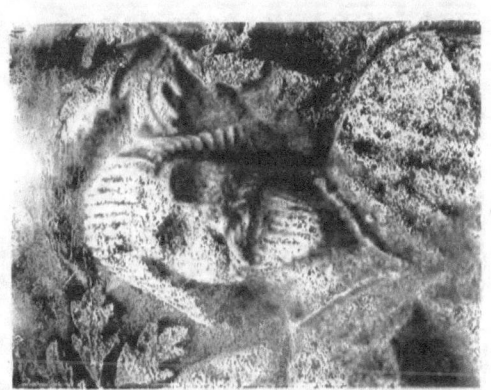

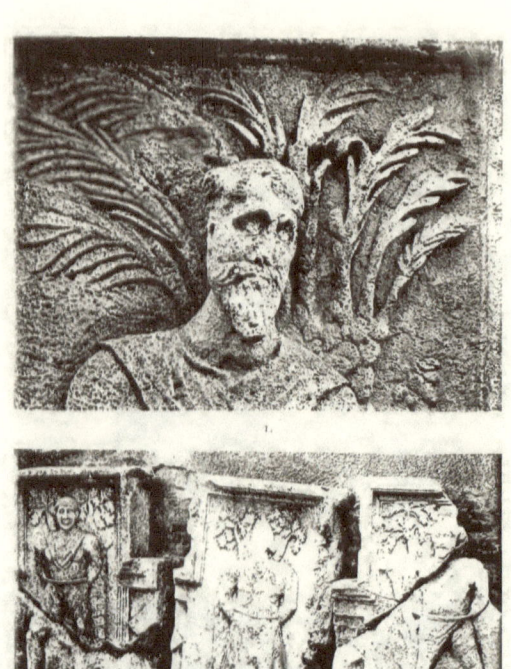

1.

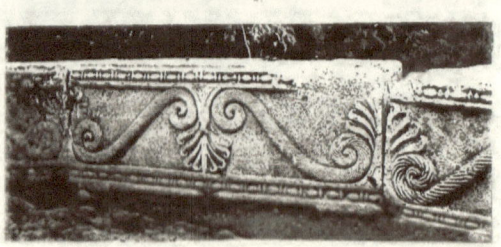

2.

3.

Reprod. von J. B. Obernetter, München.

TROPAION VON ADAMKLISSI.

Abh. d. I. Cl. d. k. Ak. d. Wiss. XXII Bd. III. Abth.

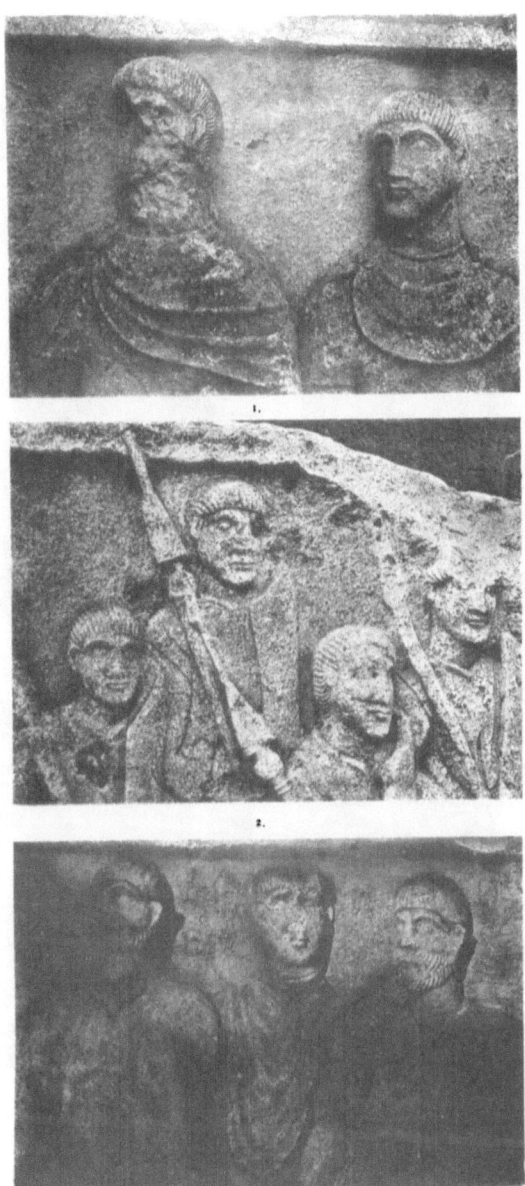

1.

2.

3.

TROPAION VON ADAMKLISSI.

Reprod. von J. B. Obernetter, München.

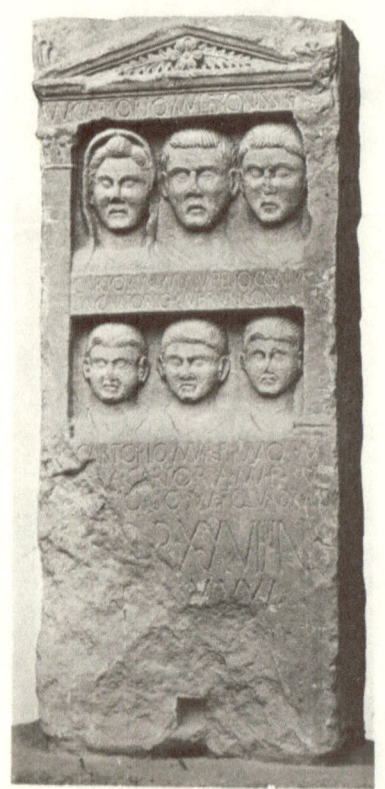

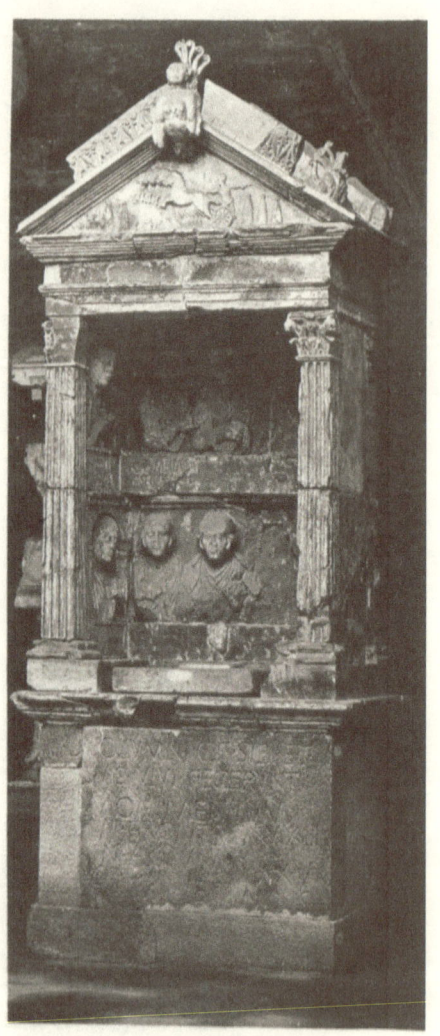

2.

GRABSTEIN IN PADOVA.

1.

GRABSTEIN IN PADOVA.

Abh. d. I. Cl. d. k. Ak. d. Wiss. XXII. Bd. III. Abth.

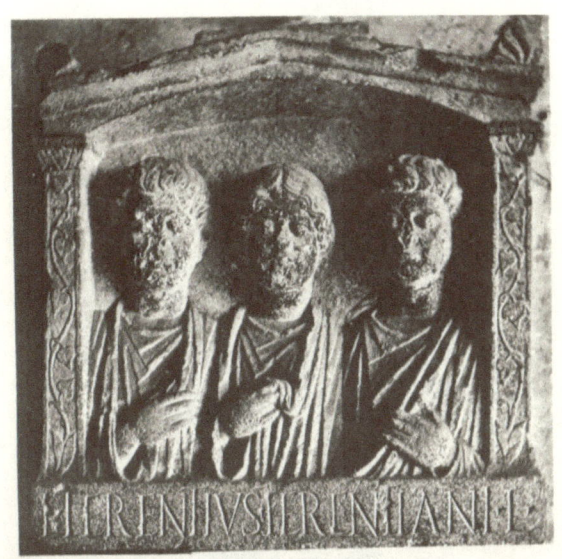

1. GRABSTEIN IN VICENZA.

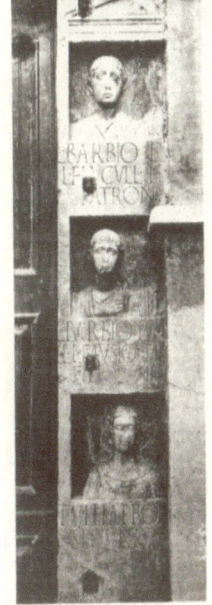

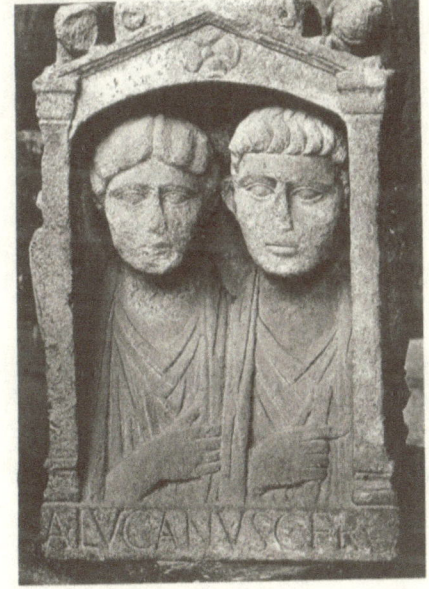

3. GRABSTEIN IN TRIEST.　　　2. GRABSTEIN IN PADOVA.

Abh. d. I. Cl. d. k. A k. d. Wiss. XXII. Bd. III. Abth.

Reprod. von J.B. Obernetter, München

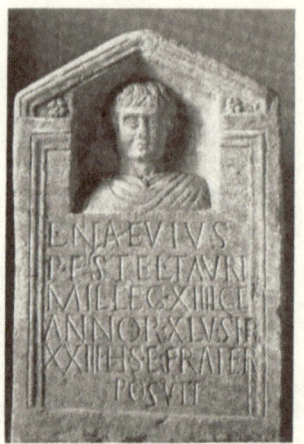

1. Grabstein in Mainz.

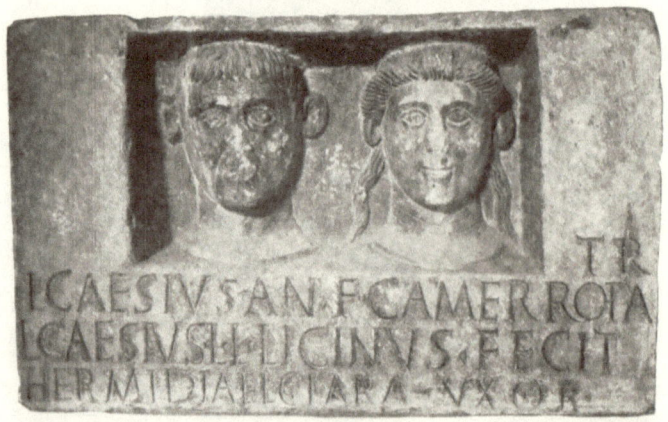

2. Grabstein in Bologna.

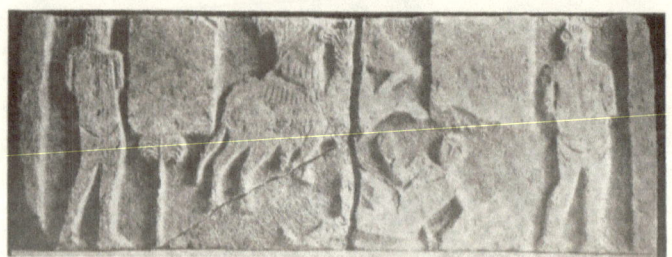

3. Relief aus Nordafrika (musée du Bardo).

Abh. d. I. Cl. d. k. Ak. d. Wiss. XXII. Bd. III. Abth.

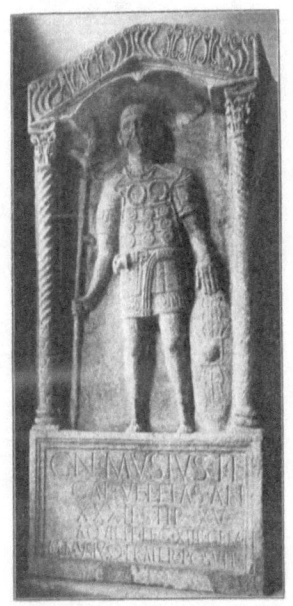

1. Grabstein in Mainz.

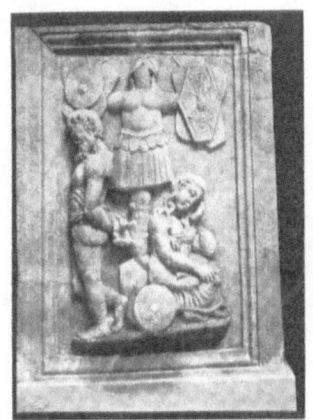

2. Relief in Triest (museo lapid.).

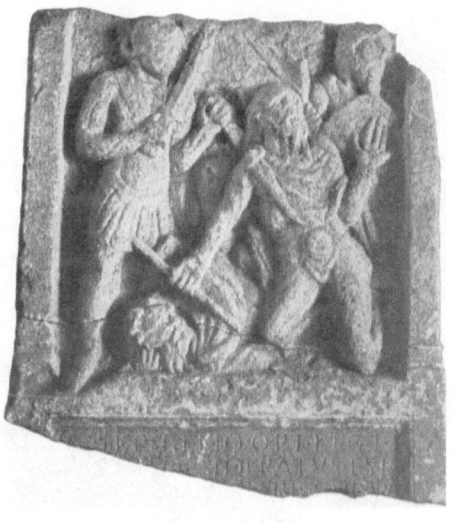

4. Grabstein in Buda-Pest.

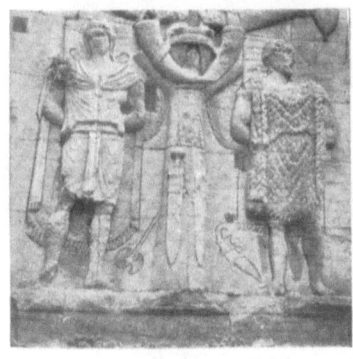

3. Vom Triumphbogen zu Carpentras

Abh. d. I. Cl. d. k. Ak. d. Wiss. XXII. Bd. III. Abth.

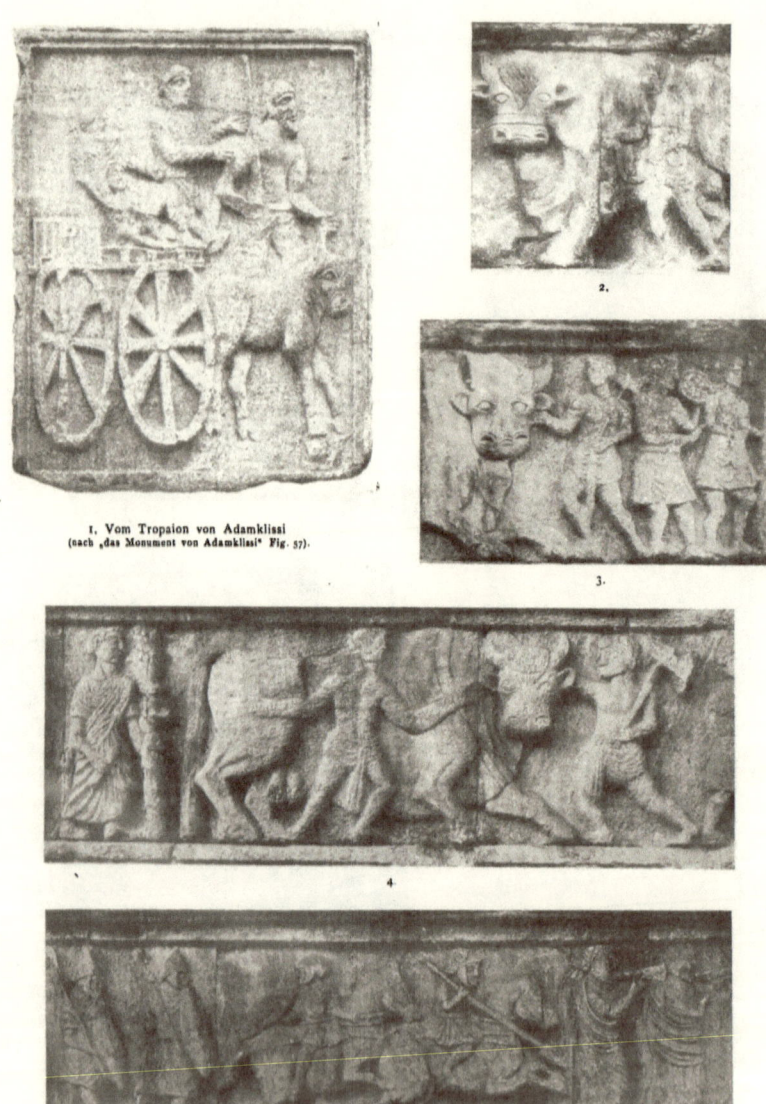

1, Vom Tropaion von Adamklissi
(nach „das Monument von Adamklissi" Fig. 57).

2.

3.

4

5.
(2—5 vom Augustusbogen zu Susa; nach Ferrero, l'arc d'Auguste.)

Abh. d. I. Cl. d. k, Ak. d. Wiss. XXII. Bd. III. Abth,

www.ingramcontent.com/pod-product-compliance
Lightning Source LLC
Chambersburg PA
CBHW021900170526
45157CB00005B/1893